JN150648

国指定重要無形文化財

見付天神裸祭

昭和 28 年見付天神裸まつりポスター（佐口行正氏提供

2017年度　保存会賞

裸祭フォトコンテスト受賞作品

2017年度　崇敬会長賞

2016年度　保存会長賞

2014年度　崇敬会長賞

2015年度　最優秀賞

大正３年９月　新築した当時の社務所前の男衆

昭和 11 年　宿場通りを進む一番触道中練り

絵葉書に見る

むかしの裸祭

佐口行正氏提供

※絵葉書の写真は巻末 275 頁からにも掲載

昭和 5 年　宿町文進堂発行、浜垢離絵葉書

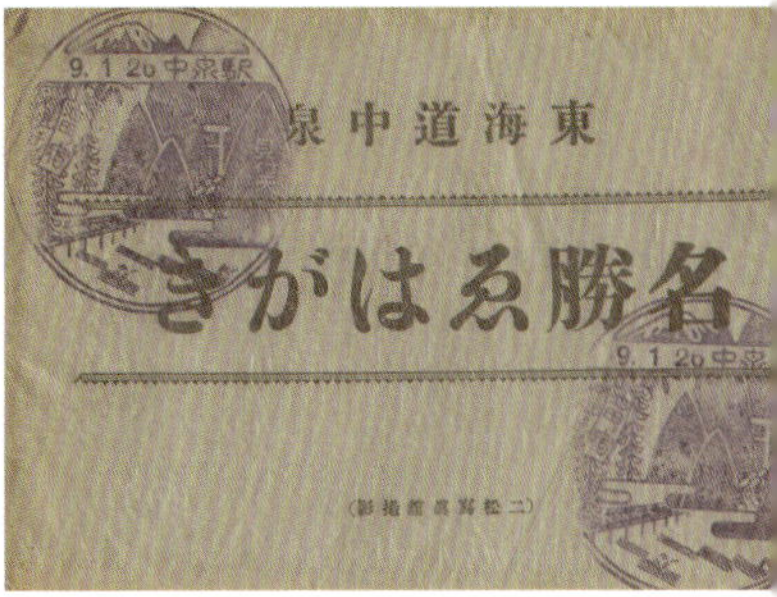

昭和 9 年　中泉、二松写真館発行、浜垢離屋形船の絵葉書

昭和 28 年頃　見付三社崇敬会発行、道中練り絵葉書

絵葉書に見る

むかしの見付

大正３年　東海道に南面して山梨往還に立つ大鳥居

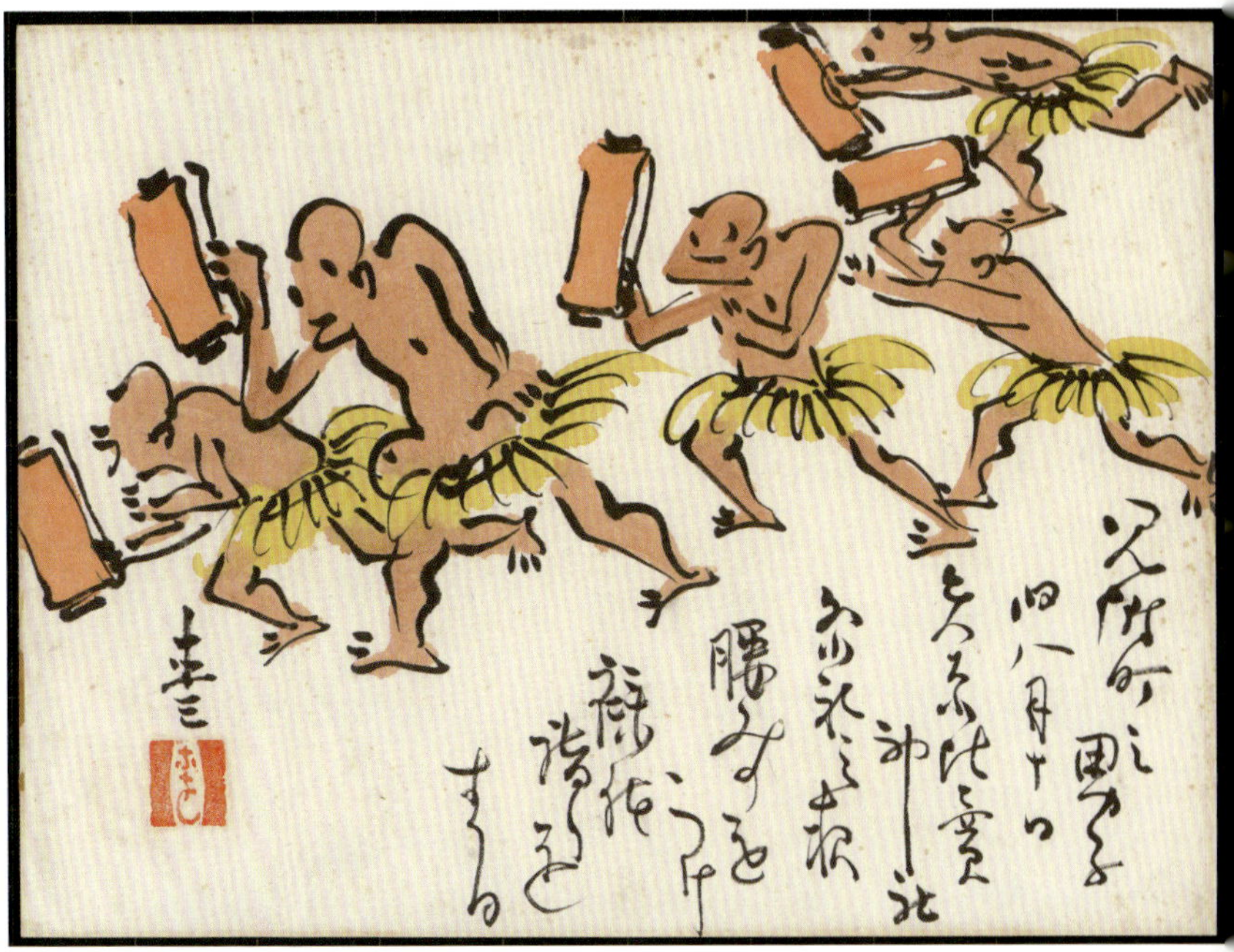

大正 10 年　服部亮英漫画東海道見付（佐口行正氏提供）

むかしの見付案内

大正元年　見付天神社大祭之図（佐口行正氏提供）

付天神社大祭之圖

人仝市後道中嶋定吉

大正元年八月廿日印刷 大正元年九月十八日発行 編輯兼印刷發行人 静岡縣磐田郡中泉町西四百十六番地 三豊堂 杉原佐市

定價三錢

はじめに

令和に元号が変わった二〇一九年。九月七日の夜に磐田市見付地区では、晒《さらし》の腹巻と、褌《ふんどし》に腰蓑《こしみの》をつけた足袋《たび》草鞋《わらじ》姿の、裸の男たちが町中を練り巡ります。天下の奇祭と呼ばれる「見付天神裸祭」です。旧暦八月一〇日直前の土、日曜日に行われ、現在でも旧暦が守られています。

静岡県の遠州《えんしゅう》地方にある古い宿場町、磐田市見付は、古くは遠江《とおとうみ》の国府・国分寺が置かれ、江戸時代には東海道二十八番目の宿場町としてにぎわった歴史ある地区です。その見付地区をあげて壮大に展開される見付天神裸祭のクライマックスは、九月七日の夜中、八日午前〇時過ぎです。御神体をのせた神輿《みこし》が、矢奈比売神社の拝殿で繰り広げられる鬼踊りの中を押し分け、真っ暗闇の中を、遠江国の総社（地域の神々を合祀した神社）である淡海国玉《おうみくにたま》神社に渡御《とぎょ》します。

平成一二年に国の重要無形民俗文化財に指定された見付天神裸祭は、令和元年に指定二〇周年を迎えました。指定後、裸祭保存会が組織され「見付天神裸祭の伝統ある形式とその格を受け継ぎ、正しくこれを保存・継承することを目的」として、確固たる地道な活動を継続してきました。

毎月開催される実行部会、青年部会、事務局会。反省アンケートの結果に基づく年間重点目標の設定、年間計画の策定、各戸配布の『裸祭ガイドブック』を毎年刊行、フォトコンテスト、『手引書』『裸祭の記録』の刊行、ＤＶＤの刊行、女性と語る会の開催、中学生への説明会などなど。保存会が平成一三年に整備されて以後、裸祭の伝承と活性化に向けて取り組んできたことは、この本を通じて理解していただけることを期待いたします。

国指定後の二〇年間の歩みを一冊にまとめてみましたが、活動のすべてをここに示せないのが残念です。

指定後の二〇年間に裸祭は相当に整備され、進化を遂げてきたと確信します。国指定当時、文化庁が説明文で見付天神裸祭の価値を三つ示してくれました。①祭祀組織の重層性②厳しい物忌み③日本の伝統的神観念。文化庁の説明文には三点についての具体的な説明はありません。そこでこの本の中で裸祭に即して解説を試みました。裸祭の価値に迫るものです。

この祭りの起源については諸説あり、詳《つまび》らかにはできないものの、国府《こくふ》が置かれた見付で行われた祭りであり、江戸時代半ばには現在と同様の形態を伴っていたことは分かっています。この歴史ある祭りが、熱気を絶やすことなく連綿と続いてきたのには理由があるはずです。それを読者のみなさんにも読み取っていただけたら幸いと考えます。

目次

コラム

第一章　裸祭物語

女神のためのおもてなし

静岡県磐田《いわた》市見付《みつけ》は東海道二十八番目の宿駅である。天竜川と東海道が十文字に交差する地点、天竜川東岸にある宿場町として歩んできた。見付宿の産土神《うぶすながみ》が見付天神であり、『延喜式《えんぎしき》』神名帳《しんめいちょう》（延長五年＝九二七年に完成）に磐田郡矢奈比売《やなひめ》神社と記載されているのは、見付天神のことである。

矢奈比売神社は、天神（菅原道真）が正暦四年（九九三）に勧請《かんじょう》されたと伝えられるその前に、この地にあった地母神《じぼしん》（母なる大地の神で、豊穣を象徴する女神）である。産土神とは地元の神を意味していて、見付天神はこの地域全体で祀《まつ》られる神の社であり、そこに住む人びとは氏子と呼ばれる。

旧暦の八月一〇日の夜に、見付地区では、この矢奈比売命を祀ることをしてきた。「祀る」とは神を招き迎え、歓待し饗応《きょうおう》し、祈願や感謝をしてもてなすことを意味する。〝まつらふ〟とは奉仕することである。見付天神裸祭は、矢奈比売命が年に一度、現在の見付天神から遠江国の総社《そうじゃ》、淡海国玉《おうみくにたま》神社へお渡りになる時の行事である。

日本の神は地域ごとで異なる

見付天神裸祭が国の重要無形民俗文化財に指定された時に発行された『月刊文化財』に裸祭の説明文が掲載された。その中に「日本の伝統的な神観念をうかがわせる祭り」という記述がある。この神観念の「神」は、西洋で使うゴッド（Ｇｏｄ）ではない。ゴッドのような唯一絶対神ではなく、日本に住む私たちが地域でつくり上げて来た神である。日本には独自の神の祀り方があり、地域ごとに伝承されてきた。それを「日本の伝統的な神観念」と言い表しているのだろう。

見付天神裸祭においては、神輿にいただいて渡御《とぎょ》する神は矢奈比売命であり、この女神を祀るために、他の神に降臨《こうりん》してもらい見付という地を聖なる域として結界《けっかい》し、氏子たちの身を祓《はら》い清め、神と氏子たちが共食する。このようなことをして矢奈比売命をもてなす行事を執り行うのである。

この本では、神祀りという観点から、一週間以上続く見付天神裸祭の行事を追い、行事の意味を考えてみたいと思う。

見付天神（矢奈比売神社）

総社・淡海国玉神社

裸祭の三つの意味と三部構成

『月刊文化財』の説明文から読み取れる裸祭の重要無形民俗文化財としての価値、意味は、①梯団《ていだん》、親町《おやちょう》という組織が機能している重層構造の祭祀組織②厳しい物忌《ものい》みを守った祭り③日本の伝統的な神観念をうかがわせる祭り、という三点である。

諸点については、現在、全国の祭り

では不明瞭になってしまっている中にあって、裸祭は現在でも機能している。

戦前にも裸祭に参加していた古老からよく言われた。「おまえら裸祭保存会だ、実行委員会だといっているが、昔は他の祭組や他の梯団のことなんか知らなくても、祭組で年配者から教しわったことを各祭組がちゃんとやってれば、裸祭は全体としてうまくやっていけたもんなんだ」と。各祭組が各々の役割を果たしていけば、この巨大な祭りの秩序は保たれるのである。長年の伝統の中で秩序は自然と生まれ、整然と活気のある祭りとなる。

見付天神裸祭という行事の流れは、大きく三つの段階に分けてみることができる。第一部　見付宿と氏子を祓い清めること、第二部　裸衆の鬼踊り、第三部　矢奈比売命の御渡り。裸祭を時系列でみたとき、三部構成にすると全体の流れが分かりやすく理解できることから分けてみた。これにより、ストーリーとして裸祭の全体の流れをつかむことができる。

以下、これら三つの意味と、三部構成の中身を簡潔に語りたい。

三つの意味

意味その一、祭りを支える伝統的な組織

裸祭は現在でも、各祭組をまとめる梯団という組織が取り仕切る。梯団によっては親町が祭りを取り仕切る中心的役割を担う。裸祭のクライマックスである鬼踊りでは「梯団長」の合図により各祭組が見付天神拝殿に練り込むことになっている。梯団長の発言は重く、氏子、祭組は従うことが了解されている。

江戸時代の記録では、西坂町、馬場町、宿町《しゅくまち》、東坂町という東海道の表通りに位置する四町で祭りは実行されていた。そして、この四町が現在でも裸祭で「親町」と呼ばれる祭組である。

江戸時代、見付宿には東海道へ入る小さな路地（小路《しょうじ》）がいくつかあった。西から梅屋小路、玄妙《げんみょう》小路、西之小路、倉小路、南小路、御殿小路、清水小路、地蔵小路、権現小路、住吉小路等。これらの小路は東海道から北または南へ伸び、そこには寺院や神社があり、人家が集まっていた。小路や親町周辺の住民は、東海道に面して大店《おおだな》が並ぶ親町の四町に付き従って一つの集団（親町を中心とした梯団）を形成していったと考えられる。

現在、裸祭は西区、西中区、東中区、東区の四つの梯団が取り仕切る。西区は八町（中央、加茂川通、河原、梅屋、西坂、水堀、一番、幸）、西中区は四町（馬場、元倉、天王、二番）、東中区は一一町（宿、新通、清水、中川、地脇、元宮、緑ケ丘、北見、美登里、今之浦四丁目、今之浦五丁目）、東区は五町（東坂、富士見、権現、住吉、元天神）により構成されている。

西区、西中区、東区にはそれぞれ触番《ふればん》という鈴振り役の祭組がある。輿番《こしばん》という神輿《みこし》を担ぐ者は、権現町と東中区が隔年で、〆切は富士見町が行う。先供《さきとも》は神輿に供奉《ぐぶ》する道具持ちだが、見付天神祭典の氏子世話方として活躍する。先供は氏子の家付き、世襲の者とされてきた。

神社神官が神事を執行し、氏子崇敬者会《すうけいしゃ》が各町から役員を出して神事に奉仕する。平成七年（一九九五）から裸祭保存会が結成され、各町の警固長により組織される実行部会、青年代表により組織される青年部、事務局が、その運営に寄与している。近年、磐田北小学校、富士見小学校、城山中学校も見付地区の学校として裸祭を支援している。

現在も、見付地区に住む人々が重層的にこの祭りを支えていることがよく分かる。

意味その二、厳しい物忌みを守った祭り

よく「どうして矢奈比売様は神輿に乗って暗闇の中を総社に御渡りするのですか」「暗闇でなければいけないのですか」という質問を受ける。

江戸時代の『事実證談《ことのまことあかしがたり》』（文政六年＝一八二三 中村乗高《のりたか》著）には「月の入りを待て凡そ十町ばかり西なる淡海国玉神社（此社を惣社といへり）に神輿を遷奉るに、其時は往来の人をとゞめ犬猫までも追退け、家々門戸を閉、火を滅し物音を禁じ、家族のこらずつゝしみうずくまり居るに、闇夜に神輿をかつぎ行事鳥の翔かごとし。此故に比佐麻里の祭とも犬追祭ともいへり」とある。

現在でも、大祭の時、赤鳥居の南側に、住吉町の手で「比佐麻里祭《ひさまりさい》」の大幟《のぼり》が立てられる。「潜《ひそ》まる」とは「忌《い》み籠《こも》る」ことで、神に対し火を滅し、慎み、奉仕することである。

柳田国男は神の出現や行幸にについて「これは儀式の最も神秘なる部分であるがゆえに、信心のない者には見せたくないのが普通であって、中には暗闇祭などと称して、その時刻家々の燈火を消さしめて、誰にも見られぬようにして御わたましを仰ぐ例さえあった」（「わたまし」とは「渡御」いう字を当てることもあり、神が遷座《せんざ》すること）と言っている。

また柳田は、祭りの大きな変遷は、夜を徹して「籠る」ことを祭りの本体としていたものが、昼に行う「見せる祭礼」へと変化して行ったことにあると説く。

このように見付天神裸祭は、神の渡御の、本来の姿を今に伝える重要な神祀りであることが分かる。

意味その三、日本の伝統的な神観念

裸祭において神輿に戴《いただ》いて、渡御するのは矢奈比売命であり、この矢奈比売の神の祀り方というものがある。また、この神を祀るため、他の神が降臨し、その神に身を祓い清めてもらい、見付の地を聖なる域として結界。神と共食し、神をもてなすため神輿に戴いて渡御するなど、神祀りの行事を執り行う。

矢奈比売命は神輿に載せられ、御旅所《おたびしょ》まで御幸《みゆき》し、もてなされて還御《かんぎょ》する。矢奈比売命が見付天神から総社《そうじゃ》（淡海国玉神社）へ御渡りするとき、見付宿は灯り一つない暗闇となり、その中を神は渡る。浜垢離《はまごり》のとき、見付の人々を祓い清めるため、綿津見大神《わたつみおおかみ》は大海原から大榊に降臨し、海浜で見付の人々の垢離をする。神が降臨する依代《よりしろ》として、御幣《ごへい》、榊が裸祭ではさかんに用いられる。

神輿に供奉するために裸の男たちは大祭の深夜、拝殿に集い、鬼踊りをして神輿の渡御に待機する。そのため男たちは浜垢離をはじめ何度も身を祓い、清い身体になる。また、裸に「七五三」と呼ばれる注連縄《しめなわ》である腰蓑《こしみの》を着け、横綱のマワシと同じように、神に近い存在になって、神に奉仕する。御斯葉下《みしばお》ろしは、見付宿を清浄な空間にするために榊を大祭一週間前の深夜、浄闇《じょうあん》の中、市中一三カ所に立てて、見付宿を結界する。氏子が住んでいる空間を全て、聖なる空間にしてしまう。東海道の辻々に、神事を行って、榊を立てていく。神祀りをする大祭のとき、見付宿全体は清浄な、聖なる空間として祭場となる。

神は人々に祀られるとき、人々と共飲共食する。裸祭では神祀りのときに食べるものが伝承されている。芋の煮っころがしは裸祭に付き物であった。裸祭のお土産は粟餅である。裸祭では矢奈比売命に稲穂籠《いなほかご》とよばる特殊神饌《しんせん》が供えられる。裸祭では神との共食の場面が多い。

三部構成の祭り

第一部　見付宿と氏子を祓い清める

見付天神裸祭は禊《みそぎ》、祓いの行事が多く、何度も何度も祓い清める。人は日常の生活の中で穢《けが》れが身に貯まり、それを拭い、祓う必要が出て来る。まず、裸祭では海の水の霊力を利用して氏子の身を祓い、清め、見付宿全体を、辻々を、神社境内を、各祭組を、榊と海水を用い、祝詞《のりと》を奏上して祓い清めることを徹底的に行う。

大祭一週間前の土曜日に見付天神では、祭事始の前日の九時より、事前に太田川の河川敷で採取した女竹で、拝殿、幣殿《へいでん》、祝詞殿《のりとでん》、本殿の隅ずみまで埃《ほこり》を払う。大祭一週間前の日曜日、午前中に自治会が中心となって、浜の掃除が行われる。北の磐田原台地にある元宮天神社では、午後三時より「元天神旧社地ノ祭」が元宮天神社拝殿で執行される。榊が元宮天神社に祀られ、この夜に行われる御斯葉下ろしを準備する祭礼である。

夜一〇時、煙火《はなび》が一発が上がり、一斉に旧東海道の大通りは消灯される。見付天神をはじめ見付宿内の都合一三ヵ所に門榊《かどさかき》を立てる。神職がその門榊の周辺に御饌米《おせんまい》を撒《ま》く。見付天神から旧東海道沿いに、見付宿の東の端の三本松御旅所から南西の端の中泉境《なかいずみ》まで、見付の宿を他界から結界し、清浄な空間にする大切な儀礼である。

大祭三日前は浜垢離の日である。現在見付の各町からバス（以前はこれが屋形船であった）を用いて、八キロほど南の遠州灘に面した福田《ふくで》の海岸へ向かう。午前九時半、海岸の松原で放生会《ほうじょうえ》の神事である浜松原放生会祭が行われる。その後、波打ち際の砂浜へ向かい、神職は、波打ち際に近付いたところで鉾《ほこ》を大きく三回左右左と振り祓う。この海岸で降臨していただいた五柱の神々をお送りする祝詞を奏上する。神々は人々の罪穢《つみけがれ》を祓い清めるために神籬《ひもろぎ》に降臨して、役割を終えて昇天する。

警固長に先導されて浜まで来た各町の者たちは、警固長が小祓《こばら》いの串で身を拭い、町の穢れを小祓いに託して神籬の下の砂に挿《さ》し、宮司、神職、先供、輿番たちが海に入った後に、次々と海に入っていく。各町では隊列を組み、浜印《はまじるし》、警固長を先頭に禊をして、松原へ戻る。

大祭日前日、御池《みいけ》の清祓《きよはら》いが夜八時から見付天神拝殿前で行われる。献饌《けんせん》、宮司が「御池祓詞」を奏上した後、殿内→神庫→参集殿→梅の湯→本館→山神社→赤鳥居→今の鳥居→元の鳥居→本通り出口と修祓《しゅうばつ》していく。本通り出口のところで修祓が終わると、先供は、大麻《おおぬさ》と塩湯を神職から受け取り、旧東海道を西へ向かって中川橋まで行き、橋の上から大麻を川に投げ捨てて戻る。この御池の清祓い

第1部 見付宿と氏子を祓い清める

は、天神の境内を浄め、その祓いに用いた大麻を見付宿の中央を流れる中川に祓い流してしまう見付天神潔斎《けっさい》の行事である。

第二部　裸衆の鬼踊り

大祭一日目は、その日になった時から夜中の一二時の鬼踊りまで、神輿渡御に収斂《しゅうれん》されていく諸行事が次々と行われ、鬼踊りで最高潮に達する。この鬼踊りは各町の裸衆が神に近い清浄な腰蓑姿となって矢奈比売命の御渡りに供奉するため拝殿に結衆し、悪霊を押さえ込むための反閇《へんばい》を踏んで練り揉《も》み合う。

大祭の一日目は、各祭組が御神酒《おみき》を神社に献上に来ることから始まる。西区の親町である根元車《こんげんしゃ》(西坂町）から御神酒が献上されるのを待って、他町も御神酒を献上する慣わしである。このとき各町には二本の榊が手渡され、各会所の祭壇に供える榊になる。もう一本は万燈《まんとう》（山車《だし》）の先端に付ける。各祭組の会所設営はこの日の午前中に行う町が多い。各町では、現在は町の公民館、公会堂を会所に当てる場合が多い。会所の祭壇には御神酒献上で授かった榊、半升（半返し＝八三頁参照）の御神酒が供えられる。

神社にとっては最も重要な祭事と位置づけられるのが、大祭一日目の午前一〇時から行われる矢奈比売神社例祭である。午後四時に再び浦安ノ舞が奉納される。拝殿中央で舞が披露され、一般参詣者《さんけい》も見ることができる。午後四時半を過ぎた時刻に、見付天神拝殿の南西にある伊勢神宮の遥拝所《ようはいじょ》において祭事が行われる。遥拝所祭が終わると連続して、すぐ南隣にある氷室《ひむろ》神社において祭事が行われる。夕方四時半から輿番の清祓いが拝殿西側の祓所で行われる。

この日の夕刻、見付地区の各祭組では大人連の練りが本通りに繰り出す前の段階であり、各町内および近隣の町に挨拶回りをする。西区、西中区、東中区では現在でも青年が中心となって集団をつくり、手拭い、褌《ふんどし》、晒《さらし》の腹巻、腰蓑、足袋《たび》、草鞋《わらじ》という裸祭の姿で、各町の決まったルール、経路で、町内および各々の梯団の会所を巡る。

夜九時、見付天神の拝殿では、神霊を神輿に移す神事が行われる。神輿を拝殿の中央に据え、拝殿の電灯を消す。神輿を正面から隠すように幕で覆《おお》いながら、この神事を行う。

夜九時に西区から裸祭は始まる。西区の中で一番東の幸町の裸衆が九時の煙火と同時に、玄妙小路から旧東海道に繰り出すことから始まる。

西区は一一時に堂入りする。堂入りの合図は、拝殿入口にいる梯団長が提灯《ちょうちん》で合図を送り、これを石段の上に位置する河原町の警固長が受け取り、六つ石のところにいる各町の警固長に、やはり提灯で合図して指示を出すことになっている。そして西中区、東中区、東区と時間差で次々と堂入りを果たす。

見付地区の祭組二八町すべてが堂入りして、拝殿では鬼踊りが繰り広げられる。鬼踊りは基本として右回りにうねりながら回っていくように伝えられている。鈴は、拝殿内で一つが振られることになっている。輿番とは裸祭の大祭において見付天神から神輿が総社である淡海国玉神社へ渡御し、また

第２部
裸衆の
鬼踊り

元天神
住吉中

還御する際に、神輿を担《かつ》ぐ役割を呼ぶ。元門車《げんもんしゃ》（富士見町）の〆切役は、神輿渡御の際に、見付天神の大鳥居のところで裸衆が神輿に近づき不敬にならないよう、裸衆を締める役割のことである。元門車の〆切が堂入りをした後、零時を回ったところで拝殿奥において渡御奉告祭が行われる。

このように拝殿では裸の群衆が揉み合い、鬼踊りが繰り広げられる。これは矢奈比売命が今から渡御するのにあたり、それに供奉しようと集まった裸の男たちであり、拝殿の床を激しく踏み込む反閇を繰り返しながら、矢奈比売命が乗る神輿の出御《しゅつぎょ》を待つことになる。

第三部、矢奈比売命の御渡り

大祭一日目が二日目と変わる頃、見付天神の拝殿では鬼踊りが最高潮に達する。矢奈比売命が遷座した神輿が担ぎ出される準備がすべて揃った状態で、いよいよ渡御が始まる。

幣殿では、渡御奉告祭を終え、八鈴が振られる。これを合図に二本の松明《たいまつ》が拝殿外で用意され、西木戸（拝殿西側の入口）で宮司、神官、道具を持った先供が出て山神社に向かう。そして神輿渡御が始まる。山神社《やまじんしゃ》では宮司が「山神社祝詞」を奏上する。宮司の祝詞の中で「庭燎漸次ニ尽ナムト為シ時」と読み上げたところで世話方が提灯を振って煙火打ち上げの合図を送る。煙火が打ち上げられ、神社だけでなく見付宿全体が消灯される。神輿が渡御する見付天神から総社までの間は周辺も含めて完全に消灯される。

神輿は拝殿を出て、拝殿前の石段のところで宮司の出迎えを受ける。そのまま神輿は二本の松明に先導されて進み、六つ石（山神社前）のところで待っていた御道具を持つ先供と合流し、山神社を過ぎ、南へ後押し坂の下に進む。富士見町の男たちは坂を下ってくる裸衆の前に立ち塞《ふさ》がり、地面を榊で叩いて、裸衆を前に進めないようにする。

神輿は見付天神の山を下り、旧東海道に出たところで一度立ち止まり、それまで抱え込んでいた稟《りん》木《ぎ》を、輿長《こしちょう》（輿番の長）の「お肩」の掛け声と同時に、肩に載せる。ここで、先供世話方の提灯の灯りも消され、これで渡御の行列の一切の灯りがなくなる。輿長が「参ろう」と声を掛けると、神輿の行列は走り出す。旧東海道を西に走るとき、「オッシ　オッシ」という低い掛け声が、輿長、輿役から出される。

神輿の行列は旧東海道を西に走り、総社参道入口で、灯りが入った「舞車《まいぐるま》（馬場町）」の提灯の出迎えを受け、抱え込みにして総社石段を上り、神門を潜り、総社拝殿に到達する。神輿が拝殿に据えられると、煙火が打ち上げられ、見付地区の電灯が点《つ》けられる。拝殿に神輿が着座すると、そこで馬場町による御神酒献上が行われる。

裸の男たちは暗闇の中、矢奈比売命の神輿の後を総社まで付き従い、腰蓑を納めて、各祭組へ帰っていく。

大祭二日目、午後二時に総社で淡海国玉神社本殿祭が行われる。午後四時三〇分、神輿還御の出発予報として煙火一発が打ち上げられる。そして御神輿還御奉告祭が行われ、その後、輿番が神輿を抱え込み、拝殿を出て、石段を下り、用意してある鳳輦車《ほうれんしゃ》に載せる。神輿渡御の行列は、総社参道を出

第３部
矢奈比売命の御渡り

て、旧東海道を西に向かう。

神輿渡御の途中に根元車（西坂町）と龍陣《りゅうじん》（河原町）と眞車《しんしゃ》（東坂町）が御神酒献上を行う。神輿は三本松御旅所で西へ向かって折り返し、愛宕坂《あたござか》を下り、そのまま見付天神の後押《あとお》し坂を上がる。赤鳥居を過ぎたところで、輿番によって担がれ、拝殿に向かう。拝殿前まで来た神輿は、輿番たちが肩からお抱えに変え、霊振《たまふり》と呼ぶ輿の胴上げを行う。この頃、境内は各祭組の法被《はっぴ》を着た者が手に灯りの入った提灯を持ち、提灯と法被の人で溢《あふ》れるばかりの状態となる。その中、輿番により神輿が高く振り上げられることを何度も繰り返す。数十回この霊振が繰り返され、そのまま拝殿に上がっていく。

神輿が入った祝詞殿では、拝殿との境に紫幕を引き、神輿が隠れるようにする。外から見えない祝詞殿で御神霊移《おみたまうつ》しが行われ、本殿祭が行われる。最後に本殿の扉が閉じられ、宮司が拝礼して、本殿祭を終え、裸祭が終了する。

第二章　見付宿という舞台

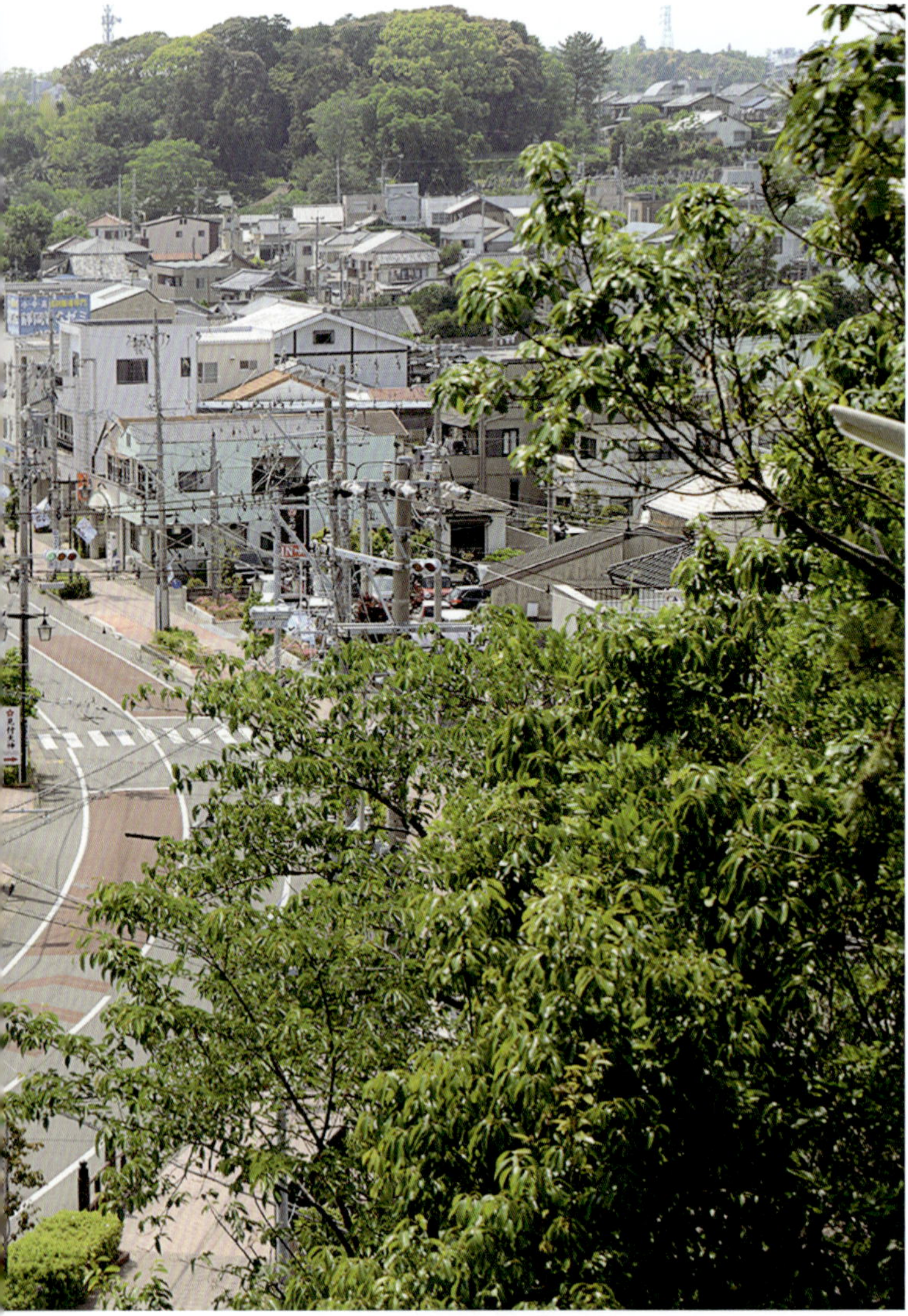

愛宕神社から俯瞰した見付のまち（2019 年撮影）

Panasonic
なぐらでんき
なぐらでんき

明治時代の見付宿。中央を通るのが東海道（明治末年の絵葉書）

Mitsuke Totomi

東海道二十八番目の宿駅

見付は西に天竜川、東に太田川、北に磐田原《いわたばら》台地、南に今之浦《いまのうら》の低湿地帯を控えた、磐田原台地の南縁辺に位置する集落である。西側の舌状に南へ張り出した磐田原台地には遠江国分寺《とおとうみこくぶんじ》があり、見付の集落の中心には古代以来遠江の国府《こくふ》が置かれたため「見つけの国府」「見つけの府中」とも称された。見付は、古代、中世を通じて遠江の中心地であった。

慶長六年(一六〇一)、東海道の宿駅が整備され、品川宿から京まで五十三の宿駅が設定された。見付宿は東の品川から二十八番目の宿駅とされた。『磐田市史』『東海道分間延絵図《ぶんけんのべえず》等』の文献を用いて、江戸時代の見付宿を描き、裸祭がほぼ現在の形になった時代の見付の町場、信仰空間を把握したい。

見付宿は江戸から六〇里一七町四五間(約二三八キロ)、東隣の袋井《ふくろい》宿より一里半(約五・九キロ)、西隣の浜松宿より天竜川を隔てて四里七町(約二二・七キロ)のところにある。明和七年(一七七〇)の見付宿明細帳によれば、東西二五町四一間半で、東の宿入口から西の木戸まで九町四〇間であった。西木戸は見付宿の南西、西光寺の入口やや南の位置に、東木戸は東坂の愛宕山《あたごやま》の西にあった。宿場の東境に一里塚があり、愛宕神社の東側、東海道の南と北側にあった。宿場の木戸は、日没とともに閉門となるため、旅人は日没前には木戸の内、宿場の街並みの範囲内に入らねばならなかった。天保一四年(一八四三)の人別は三九三五人、うち男一八九八人、女は二〇三七人、家数は一〇二九軒、本陣二軒、脇本陣一軒、旅籠五六軒であった。

天明６年に描かれた『東街便覧図略』

見付宿には本陣、脇本陣、旅籠以外にもさまざまな職業の家々が街道沿いに軒を並べていた。天保一三年（一八四二）の軒別職業別絵図によると、往還《おうかん》街並の戸数は四五六軒あり、七二種の職業があった。商業が二六九軒、百姓が一一九軒、工業が四七軒、医師三軒。商業・工業の家を見ると、旅籠屋四〇軒、茶屋二四軒、荒物屋一八軒、古手《ふるて》屋（古着や古道具を扱う商売）一六軒、米屋一二軒、小間物屋一八軒、大工一二軒、魚屋一一軒、居酒屋一〇軒、足袋《たび》屋一〇軒、菓子屋六軒、餅屋八軒、飴《あめ》屋八軒、青物屋八軒、質屋五軒、湯屋二軒、仕立屋二軒、紺屋二軒、瓦屋二軒、畳屋三軒、髪結五軒、鍛冶《かじ》屋五軒、桶屋三軒、研屋二軒などであった。

上の絵は尾張藩士高力猿猴庵《こうりきえんこうあん》が天明六年（一七八六）に描いた『東街便覧図略《とうがいびんらんずりゃく》』の見付驛《えき》の図である。宿の東坂下を西から東に向かって描いたものである。左端の家のところには「此家の前に梅有ゆへに梅屋と号す」とあり東坂の梅の木である。右前方の曲がりに「大瀬屋」の看板とその手前に「福田屋」がある。右端には「ここはそば切りの名物有。福田屋、大瀬屋などいえるよき店なり」と書かれている。

四二・四三頁の写真は明治末年の頃に発売された絵葉書で、明治時代の見付宿の様子がよく分かる。宿の東端に位置する愛宕山から西へ向かって撮った写真である。中央の街道が東海道であり、東海道を西へ向かった先に見付学校の建物が見える。明治時代の見付の街並みを見ることができる貴重な一枚である。

見付宿の寺社

見付地区にある寺社を一覧表にしたのが次頁以降の表である。このうち見付宿の東木戸から西木戸の間には主な神社が八つあり、また主な寺院は一二あった。

〈神社〉

見付に向かって西側にせり出した磐田原台地の上に矢奈比売《やなひめ》神社（見付天神）が鎮座《ちんざ》している。矢奈比売神社は式内社《しきないしゃ》であり、見付地区の産土神《うぶすながみ》とされている。東海道から矢奈比売神社へ上る天神道、後押《あとお》し坂の途中に住吉神社がある。この社は住吉町（宮本）の町内神である。東区権現町の公会堂北に熊野神社がある。東海道から南への小路、松小路《しょうじ》、権現小路《ごんげんしょうじ》を入った東側にある権現町の町内神である。東中区には地蔵小路《じぞうしょうじ》を入ると右手に宣光寺《せんこうじ》があり、さらに北へ行くと左手に気比《けひ》神社の祠《ほこら》が見える。地

見付地区の神社

神社名	祭神	所在地（町）	備考
矢奈比売神社	矢奈比売命／菅原朝臣命ほか	三本松／住吉町	式内社
淡海国玉神社	大国主命	馬場町	式内社
天御子神社	須佐男命／櫛稲田姫命	中央町	式内社
雷三社	豊雷命／豊雷売命／生雷命	天王町	式内社
府八幡宮	足仲彦命／誉田別命／身長姫命	中泉	伝天平年間創建
気比神社		地脇町	町内　景の宮
金比羅神社		幸町	町内
住吉神社	表筒男命ほか２柱	住吉町	町内
愛宕神社	伽具都土命	東坂町	町内
熊野神社	熊野権現	権現町	町内
津島神社	建速須佐命	中川町	町内
神明神社	天照皇大神ほか１柱	加茂川町	町内

蔵脇（地蔵小路）の町内神である。地蔵脇の地蔵は宣光寺の延命地蔵からきている。東中区の南、中川の左岸に津島神社がある。中川町は川尻と呼ばれてきたが、その町内神である。中川の岸に津島の神を祀《まつ》る。西中区の天王町には雷三社《らいさんしゃ》があるが、内山真龍《うちやままたつ》はこの社が式内社の「豊雷命《とよいかづちのみこと》神社」であるとした。天王町の町内神である。

　祭組名が舞車《まいぐるま》である馬場町に淡海国玉《おうみくにたま》神社がある。遠江国の総社であり、東の北井上小路《きたいのうえしょうじ》を隔てて東側に国府があった。総社前の東海道に通じる道は宮小路《みやしょうじ》と呼ばれる。総社の西側には神官家の大久保家がある。西区には玄妙小路《げんみょうしょうじ》（幸町）の奥に幸町の町内神である金毘羅《こんぴら》神社がある。今は幸町公民館の東奥に祠がある。木戸の内ではないが、見付の神社として中央町、境松《さかいまつ》に天《あま》御子《みこ》神社がある。東海道を河原で南に折れ、只来坂《ただらいざか》を上がった、府八幡宮《ふはちまんぐう》の南東にある。式内社「天御子神社」にあたるとされる。天御子神社の大祭が祇園祭であり、見付地区全体で七月一四日（現在は七月中旬の土日）に行われ、神輿《みこし》が淡海国玉神社へ渡御《とぎょ》する。

〈寺院〉

見付は「寺町」といえるほど寺院の数が多い。木戸の内には一〇の寺院がある。西区には五つの寺院が集中する。現在、中川より東は宣光寺のみが残る。

宣光寺《せんこうじ》は江戸時代「大地蔵奉納」と銘打った歌舞伎芝居が興行された場所である。裸祭の見聞録『遠く見ます』を著した七世市川団十郎が興行を打ったことで知られる。鐘楼には徳川家康寄進の梵鐘《ぼんしょう》があり、地蔵堂には県指定文化財の延命地蔵が安置されている。延命地蔵の大祭一一月二三日は縁日として地域で有名である。西中区の二番町には時宗の省光寺《しょうこうじ》がある。その東南に浄土宗の大見寺《だいけんじ》がある。大見寺は宿町にあるが、その北側は見付端城《はじょう》、国府があった場所であり、この大見寺から東海道へ出る道が寺小路《てらしょうじ》と呼ばれこの道沿いを御殿と呼んでいた。西中区の天王町には曹洞宗の金剛寺《こんごうじ》がある。筆子塚《ふでこづか》、見付の侠客、大和田友蔵の墓があることでも有名である。西中区元倉町に浄土宗慶岩寺《けいがんじ》がある。元倉は倉小路《くらしょうじ》と呼ばれ、南北の小路に両側に倉が林立していた。現在の寺の本堂はコンクリート造りである。

玄妙小路という小路を北へ上がると右手に日蓮宗の玄妙寺《げんみょうじ》がある。玄妙小路は現在幸町と呼ばれる。玄妙寺では一一月一二日に行われる「御命講《おめいこう》」は鬼子母神《きしぼしん》の大祭で「子育て草履《ぞうり》」が配られ、子育ての祈願に人々が参詣する。この小路の突き当たりには臨済宗の慈恩寺《じおんじ》がある。慈恩寺と玄妙寺は隣接し、幸町には二つの寺がある。西区の親町《おやちょう》西坂には蓮光寺という寺が西坂会館北側にあった。創建が承安年間（一一七一～一一七四）といわれる古い寺で、明治二（一八六九）年に焼失したまま再建さ

見付地区の寺院

名称	山号	所在地	宗派	創建	寺高	備考	本尊
福王寺	風祭山	城之崎	曹洞宗	文安元年（1444）	12石8斗		聖観世音菩薩
雲海寺	金龍山	東大久保	曹洞宗	明暦年中（1655〜57）			薬師如来
大見寺	日照山	宿町	浄土宗	正和4年（1315）	15石	往還役なし/休泊請	阿彌陀如来
徳翁院	江朶山	富士見町	浄土宗	天和元年（1681）			観世音菩薩
慶岩寺	松光山	元倉町	浄土宗	永禄5年（1562）	5石2斗	往還役なし	阿彌陀如来
見性寺	瑞靈山	一番町	臨済宗	不詳	19石1斗	往還役なし	如意輪観世音
明王寺	大龍山	河原町	臨済宗	寛永20年（1643）			不動明王
慈恩寺	大梅山	幸町	臨済宗	応永年中（1394〜1427）	11石2斗	往還役なし	毘沙門及薬師
宣光寺	珠玉山	地脇町	曹洞宗	不詳	16石	往還役なし	十一面観世音
金剛寺	今浦山	天王町	曹洞宗	文禄2年（1593）	23石8斗	往還役なし	釋迦牟尼如来
玄妙寺	本立山	幸町	日蓮宗	永徳元年（1381）	3石	往還役なし/休泊請	多寶如来等
省光寺	嶺松山	二番町	時宗	不詳/弘安5年（1282）に改宗	48石	往還役なし/休泊請	阿彌陀如来
西光寺	東福寺	加茂川	時宗	文永2年（1265）	32石8斗	往還役なし/休泊請	阿彌陀如来
蓮光寺	光堂山	西坂町	時宗		4石5斗	往還役なし	薬師如来
国分寺	參慶山	中央町	天台宗		12石2斗	往還役なし	薬師如来
松屋院		住吉町	浄土宗		除地	往還役なし	
金仙寺		権現町	禅宗		除地	往還役なし	

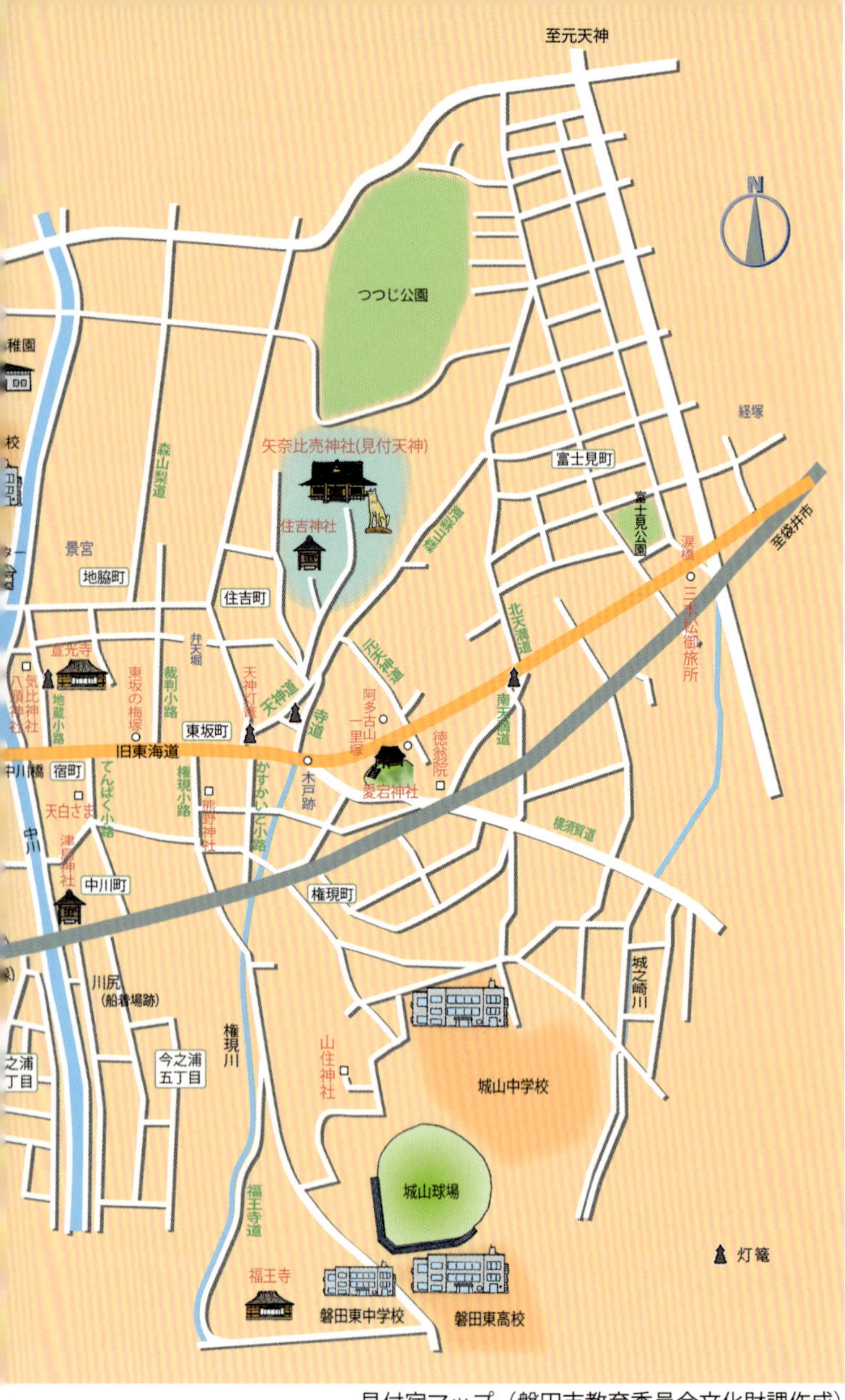

見付宿マップ（磐田市教育委員会文化財課作成）

至天竜
バイパス
豊田東I・C
一ノ谷公園
水堀
磐田北高校
狐塚
旧赤松家記念館
旧赤松家の門・塀・土蔵
埋蔵文化財センター
中央図書館
磐田地方合同庁舎
中遠総合庁舎
平七稲荷
幸町
化粧坂
秋葉道
子ども厄除地蔵
省光寺
淡海国玉神社（総社）
二番町
北井上小路
塔之壇公園
磐田文庫
慈恩寺
玄妙寺
旧見付学校
蓮光寺跡
梅屋町
河原町
不用小路
梅屋小路
西坂の梅塚
玉光稲荷
玄妙小路
広場
宮小路
玉良小路
南小路
馬場町
加茂川
明王寺跡
兜塚古墳
かぶと塚公園
姫街道（池田近道）
西坂町
多門小路
西之小路
倉小路
天王町
稲荷道
元倉町
金剛寺
至池田
田端道
一番町
見性寺
慶岩寺
木戸跡
加茂川橋
一番町公園
西光寺
至浜松市
県道413号線
加茂川通
新通町
神明神社
旧東海道
新町道
国府台
只来坂
磐田南高校
至磐田駅
遠江国分寺跡

れず、明治四四年に西光寺に併合された。

西区一番町に臨済宗の大寺見性寺《けんしょうじ》がある。寺域内に見性寺貝塚があり、南は低湿地の今之浦に面していた。近世においては見付宿の南縁の地であった。見付宿西木戸の西には時宗の西光寺《さいこうじ》がある。文永二年（一二六五）の創建。鎌倉時代に一遍上人《いっぺんしょうにん》を迎えて念仏道場となり、真言宗から時宗に改宗したと伝えられる。一一月第二日曜日の日切《ひぎり》地蔵の縁日には老若男女でにぎわう。

小路と祭組

江戸時代、見付天神裸祭は見付宿の祭りとして有名であり、近郷近在から老若男女が見物に押しかけた。旧東海道は見付宿の西端で南へ直角に屈曲するが、見付宿の東端の三本松（現在の富士見町）から真っ直ぐ西へ向かい、この東西の東海道沿いに集落が形成された「街村《がいそん》」であった。見付宿で東海道に出る小さな路地が南から北から何本かあり、おのおの「〇〇小路《しょうじ》」と名が付いていた。現在でも西之小路、玄妙小路、倉小路《くらしょうじ》、清水小路《しみずしょうじ》、権現小路などの小路名が伝えられている。

現在、見付地区の二八町が裸祭に祭組として参加している。各町は江戸時代の小路の単位が町になったものが大半である。例えば、幸町（西区）でいうと江戸時代、玄妙小路という小路が日蓮宗玄妙寺の西側にあり、この界隈の町家が協力して「玄妙小路」という祭組をつくり、裸祭に参加していた。それが、明治二二年町村制施行により見付町ができ、このとき「玄妙小路」として見付町内の一つの地区を形成していた。昭和二三年の市制施行のとき幸町と名を改め、自治会組織の一町として位置づ

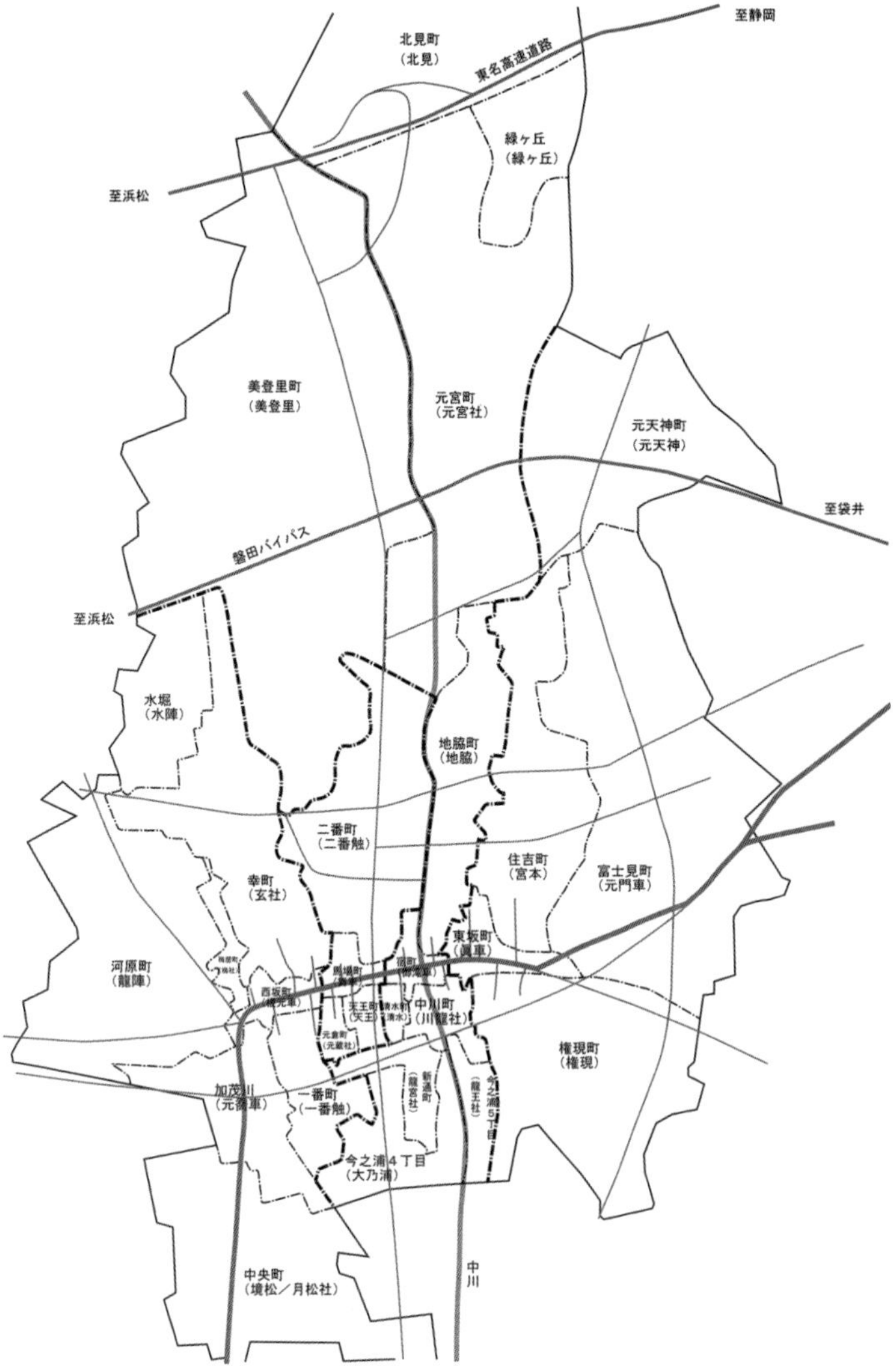
至静岡
北見町
（北見）
東名高速道路
緑ヶ丘
（緑ヶ丘）
至浜松
美登里町
（美登里）
元宮町
（元宮社）
元天神町
（元天神）
至袋井
磐田バイパス
至浜松
水堀
（水陣）
地脇町
（地脇）
二番町
（二番触）
住吉町
（宮本）
富士見町
（元門車）
幸町
（玄社）
東坂町
河原町
天王町
（天王）
清水町
（清水）
中川町
権現町
（権現）
加茂川
一番町
（一番触）
新通町
（龍宮社）
今之浦５丁目
（龍王社）
今之浦４丁目
（大乃浦）
中央町
（境松／月松社）
中川

見付地区概略図

見付における小路・町の変遷

現名	昭和23年以前の名称	大正時代見付町誌	慶応3年1867年	安政7年1860年	天保5年1834年	文化3年1806年	江戸時代初期
中央町(月松社)	境松	境松		境松		境松	
加茂川通(元喬車)	横町	横町		横町	横町（←只来坂）	横町	
					只来坂（字名として記載／天保13年『見付宿職業別町並絵図』に記載なし）		
河原町(龍陣)	河原	河原	川原町	川原	不動川原	字名に一本松	
西坂町(根元車)	西坂町	西坂町	西坂町	西坂町	西坂町	西坂町	西坂町
梅屋町(梅社)	梅屋小路	青年団・婦人会入会なし					
幸町(玄社)	玄妙小路	玄妙小路		玄妙小路			
水堀(水陣)	平成6年、水堀区画整備事案により新設						
一番町(一番觸)	西之小路	西之小路	西の小路	西小路	西小路		
元倉町(元蔵社)	倉小路	倉小路	蔵小路	蔵小路	倉小路		
天王町(天王)（昭和23年「旭町」）	南小路	南小路	南小路天王	南小路	南小路		
馬場町(舞車)	馬場町	馬場町（←婦人会に宮小路の記載）	馬場町	馬場町	馬場町	馬場	馬場
			宮小路	宮小路			
二番町(二番觸)	北井上（←昭和19年頃、分割・合併）	北井上	北井上	北井上	北井上		
		寺小路(御殿)	寺小路	御殿小路			

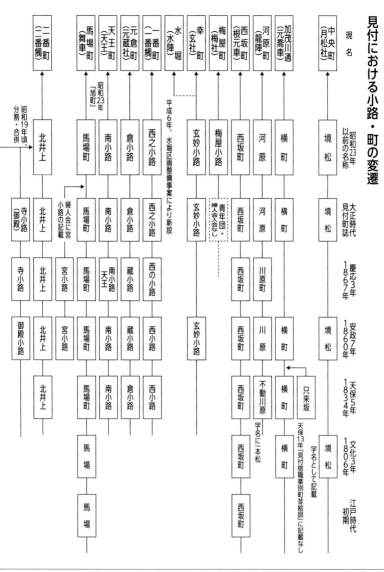

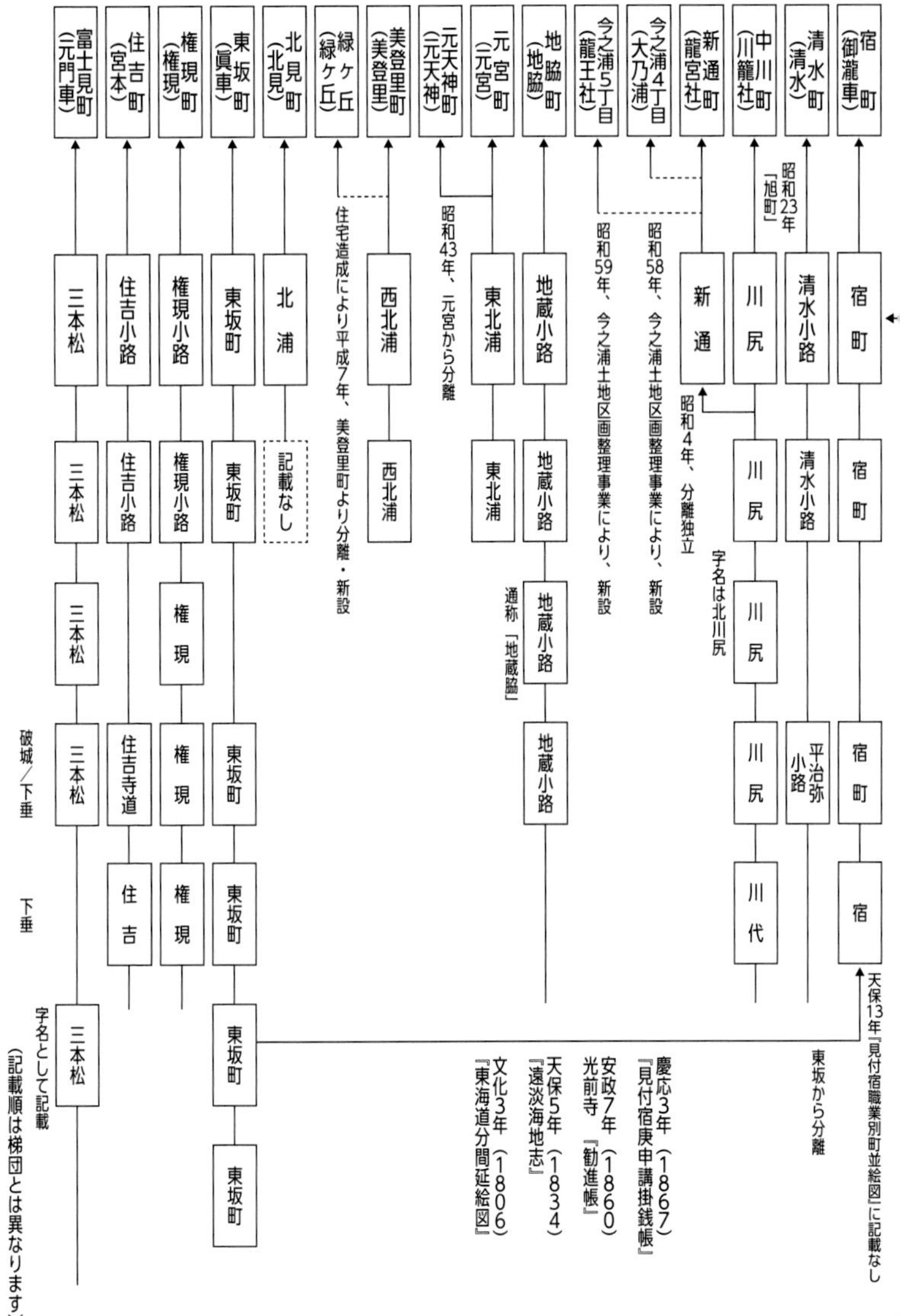

宿町（御瀧車）
清水町（清水）
中川町（川籠社）
新通町（龍宮社）
今之浦4丁目（大乃浦）
今之浦5丁目（龍王社）
地脇町（地脇）
元宮町（元宮）
元天神町（元天神）
美登里町（美登里）
緑ケ丘（緑ケ丘）
北見町（北見）
東坂町（眞車）
権現町（権現）
住吉町（宮本）
富士見町（元門車）
昭和23年「旭町」
昭和58年、今之浦土地区画整理事業により、新設
昭和59年、今之浦土地区画整理事業により、新設
昭和43年、元宮から分離
住宅造成により平成7年、美登里町より分離・新設
昭和4年、分離独立
字名は北川尻
通称「地蔵脇」
宿町
清水小路
川尻
新通
地蔵小路
東北浦
西北浦
北浦
東坂町
権現小路
住吉小路
三本松
宿町
清水小路
川尻
地蔵小路
東北浦
西北浦
記載なし
東坂町
権現小路
住吉小路
三本松
川尻
地蔵小路
権現
三本松
宿町
平治弥小路
川尻
地蔵小路
東坂町
権現
住吉寺道
三本松
破城／下垂
宿
川代
東坂町
権現
住吉
下垂
三本松
東坂町
東坂町
字名として記載
天保13年『見付宿職業別町並絵図』に記載なし
東坂から分離
慶応3年（1867）『見付宿庚申講掛銭帳』
安政7年（1860）光前寺『勧進帳』
天保5年（1834）『遠淡海地志』
文化3年（1806）『東海道分間延絵図』
（記載順は梯団とは異なります）

けられた。他の町名も同様の経緯をたどっている。

見付宿は江戸時代において表の街道である東海道沿いに東から東坂町、宿町《しゅくまち》、馬場町、西坂町の四町があり、この四町で表通りはほぼ占められていた。四町は今でも、それぞれ東区、東中区、西中区、西区の梯団《ていだん》の「親町《おやちょう》」と呼ばれる。東中区の親町の宿町は、今でも大祭において中心的な役割を果たし、一目置かれている。

文化一三年（一八一六）の「御尋申一札之事」（『磐田市史　史料編』二）には裸祭の拝殿踊り（鬼踊りのこと）は四町（東坂町、宿町、馬場町、西坂町）によって務めてきたが、費用がかかりすぎるため二町ずつ（馬場町と東坂町の二町、西坂町と宿町の二町）が隔年で行うようにしたとある。

文化一二年までは四町で拝殿踊りをしていた。文化一四年には、西坂町七四人、馬場町三三人、宿町四六人、東坂町三八人に「申渡一札之事」という約定書《やくじょうしょ》を提出させた。この書状の内容は、文化一三年より二町ずつ行ったが、祭礼時に見付宿が混乱し、隔年で行うことを承知せず、御役所に迷惑をかけた、文化一三年（子年）は馬場町と東坂町が行い、今年の文化一四年（丑年）は西坂町と宿町が行うよう隔年実施を永続することを小前一同約束する、というものであった。署名捺印してこの約定書を役所に提出した。

近世のこの頃は、四町で拝殿踊りをしていた。現在裸祭に参加している町内は二八町あるが、東坂町、宿町、馬場町、西坂町以外の二四町は江戸時代参加していたのだろうか。恐らく親町の四町につき従うように裏町として参加していたと思われる。今でも「小路」とあるのは、これら東海道沿いの

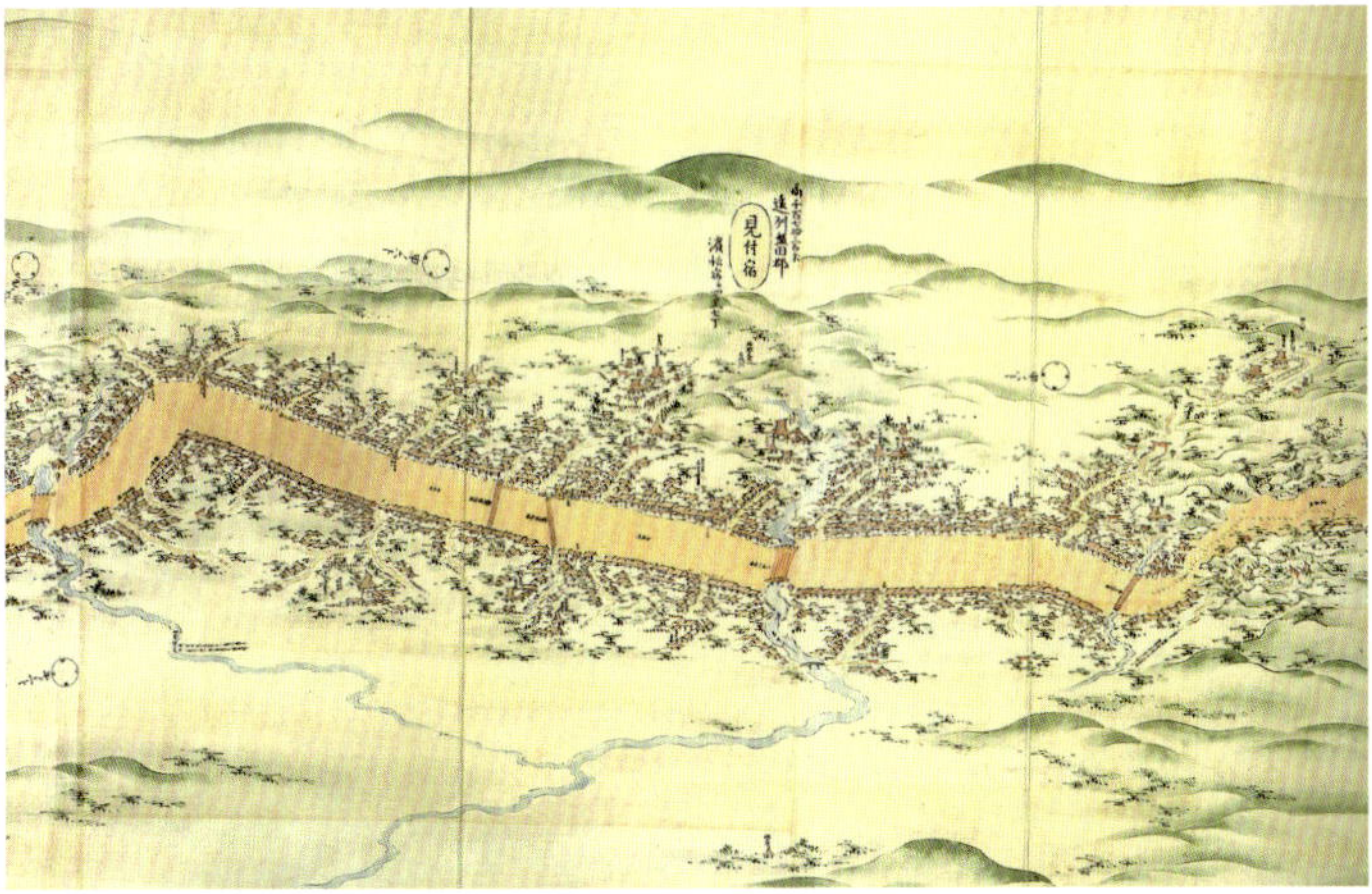

天明６年に描かれた『東街便覧図略』

四町に対し、街道から小路を入って奥にある集落として、四町に合流して拝殿踊りに参加していた。

安政七年（一八六〇）の「駒ヶ根の光前寺開祖一千年忌、本尊開帳奉加帳」には二五の祭組の世話人が奉納寄附金を出していると記してある。東坂町、宿町、馬場町、西坂町、川原、境松、玄妙小路、西小路、倉小路、破城、三本松、権現、寺道、住吉、川尻、南小路、宮小路、慶岩寺長屋、横町、北井上、地蔵小路、御殿小路、下乗（垂）、平治屋《へいじや》小路の二五町である。四つは町が付いているが、他の二一には付いていない。これらの祭組は今の二八町に繋《つな》がっている。平治屋小路は現在の清水町、下乗は不明である。幕末の頃、世話人をあてることができるほどに二五の祭組は町として独立した機能をもっていたと考えられる。

清浄な空間と化す町内

裸祭は見付宿全体を使って盛大に執《と》り行われる。見付宿を榊で結界《けっかい》する御斯葉下《みしばお》ろしでは、一三五頁のように浄闇《じょうあん》の中、見付宿全域にわたる一三ヵ所に榊が立てられる。見付宿全域が清浄な空間と化し、この中で矢奈比売命が渡御する祭礼が行われる。大祭前日には御池《みいけ》の清祓《きよはらい》で見付宿の北東に位置する矢奈比売神社の境内を清める。鬼踊り、神輿渡御に参加する者は、大祭三日前の浜垢離《はまごり》で身を清める。このように清浄な空間と化した見付宿において、清浄な身となった裸衆によって鬼踊り、神輿渡御が行われる。

各々の梯団は各々のルール、手順によって小路より東海道に出て、順次、梯団という一つの裸の塊となっていく。四つの梯団はそれぞれ、西より西区梯団、西中区梯団、東中区梯団、東区梯団の順に東海道に出て南西の端まで練り進み、西光寺前で折り返し、今度は東の端である三本松で折り返し、天神道、後押し坂を上り、矢奈比売神社へ向かう。

大祭一日目の夜一一時に西の梯団より順次拝殿に堂入りし、鬼踊りが展開される。二日目に変わると、境内神の山神社の祭礼を合図に真っ暗闇の中、矢奈比売命の御渡りが行われる。矢奈比売神社を出て、天神道を下り、東海道に出て、西へ向かい、見付宿のほぼ中央に位置する遠江の総社、淡海国玉神社へ渡る。渡御が完了すると灯火が点けられる。

そして翌二日目の日中、淡海国玉神社で神輿還御《かんぎょ》御奉告祭が行われて、矢奈比売命の還御が始まる。見付宿の南西の端で折り返し、東海道の東端三本松で再び折り返し、夜八時過ぎ、矢奈比売命を載せた神輿は輿番《こしばん》、氏子たちに守られ、無事に矢奈比売神社に還御を果たす。

見付天神裸祭は見付宿の空間全てを用いた壮大な祭りである。

第三章　裸祭のすべて

見付天神裸祭参加町一覧

梯団	町名	旧町名	祭組名	祭組名読み	以前の祭	諸役
一番触（觸）（西区）	中央町	境松	境松（月松社）	さいかいまつ（げっしょうしゃ）	参加	
	加茂川通	横町	元喬車	げんきょうしゃ	参加	
	河原町	河原	龍陣	りゅうじん	参加	
	梅屋町	梅屋小路	梅社	ばいしゃ	参加	
	西坂町	西坂町	根元車	こんげんしゃ	参加	親町(オヤチョウ)
	水堀		水陣	すいじん		
	一番町	西之小路	一番觸	いちばんぶれ	参加	鈴持ち
	幸町	玄妙小路	玄社	げんしゃ	参加	
二番触（觸）（西中区）	馬場町	馬場町	舞車	まいぐるま	参加	親町
	元倉町	倉小路	元蔵社	げんぞうしゃ/もとくらしゃ	参加	
	天王町	南小路	天王	てんのう	参加	
	二番町	北井上	二番觸	にばんぶれ	参加	鈴持ち
番外（東中区）	宿町	宿町	御瀧車	おんたきしゃ/おんたきぐるま	参加	親町
	新通町	新通り	龍宮社	りゅうぐうしゃ	参加	
	清水町	清水小路	清水	しみず	参加	
	中川町	川尻	川龍社	せんりゅうしゃ	参加	
	地脇町	地蔵小路	地脇	じわき	参加	
	元宮町	東北浦	元宮社	もとみやしゃ	参加	
	緑ヶ丘		緑ヶ丘	みどりがおか		
	北見町	北浦	北見	きたみ		
	美登里町	西北浦	美登里	みどり		
	今之浦五丁目		龍王社	りゅうおうしゃ		
	今之浦四丁目		大乃浦	おおのうら		
三番触（觸）（東区）	東坂町	東坂町	眞車	しんしゃ/まぐるま	参加	親町
	富士見町	三本松	元門車	げんもんしゃ	参加	〆切
	権現町	権現小路	権現	ごんげん	参加	鈴持ち、輿番
	住吉町	住吉小路	宮本	みやもと	参加	
	元天神町		元天神	もとてんじん		

※「以前の祭」の欄は昭和35年まで宵の祭りと夜中の祭りが分かれていた頃の祭りに参加していたか否かを示している。
※町名は現在の祭りを言い表すとき、できる限り現町名を用いた。

現在の祭日は、昭和三五年（一九六〇）より旧暦の八月一〇日の直前の土日になっている。

　以前の裸祭は、煤払《すすはら》いの第一日目から渡御《とぎょ》が完了する第一一日目まであり、第一〇日目、つまり大祭の一日目が旧暦の八月一〇日に当たるように日程が決められていた。それが、昭和三五年より、裸祭の始まりと意識されている祭事始と御斯葉下《みしばお》ろしの日が、大祭の一週間前の日曜日に設定され、浜垢離《はまごり》を大祭の三日前の水曜日に、御池《みいけ》の清祓《きよはら》いを大祭前日の金曜日に設定するように変更された。

豆知識

【元宮天神社】見付天神から山梨街道を一・五キロほど北へ行くと元宮天神社がある。「元天神《もとてんじん》」とも呼ばれ、もともと見付天神があったところと伝えられる。

　大祭一週間前の日曜日に元宮天神社の祭礼があり、これが「祭事始《さいじはじめ》」と呼ばれる。見付天神から宮司がミシバ（榊）を持って行き、元宮天神社に祀ることが祭事始とされる。

　伝承では元天神でミシバを採ってきて、この日の御斯葉下ろしに用いたものだという。

　全国の古い社では里《さと》宮《みや》と山宮《やまみや》が言い伝えられる。里宮、前宮《まえみや》などの下社《しもしゃ》に対する山宮、奥宮《おくみや》などの上社《かみしゃ》、里にある社と山にある社との関係である。天神社と元宮天神社もそれと考えることもできる。

　ただ、元宮天神社は近世に存在した社であると考えられるが、元来小さな祠があったこの地の社を赤松則良が磐田原開墾の際に神社として整備したものとも言われる。

一、大祭前の週

大祭前の土曜日

御煤払　見付天神では、祭事始の前日の午前九時より、拝殿、本殿を清掃する。清掃は日常的に行っているが、この日は半日かけて、神職をはじめ職員、宮仕え全員で丁寧に行う。宮司以下神職の者が拝殿に集まり、宮司が御煤払奉仕の奉告祭を行う。その後、事前に太田川の河川敷で採取した女竹で高いところの煤や埃《ほこり》を払いながら、拝殿、幣殿《へいでん》、祝詞殿《のりとでん》、本殿を隅ずみまで清掃していく。

大祭前の週の日曜日（祭事始）

元天神出向奉告祭　この日の午前中に、自治会が中心となって浜の掃除が行われる。各町から人を出し、浜垢離《はまごり》が行われる福田《ふくで》の海岸の清掃をする。また、松原の神事や浜遊びで用いる松原も清掃する。

見付天神拝殿では先供《さきとも》によって神輿《みこし》の装飾がなされる。神輿に鏡四枚と赤い綱を張り、鈴を付ける。そして、大祭当日には榊と女郎花《おみなえし》を取り付けて、神輿の装飾とする。

祭事始の日の午後二時半より、宮司以下神職は見付天神拝殿において氏子総代代表、先供参列の下、元宮天神社出向奉告の神事を行う。これは祝詞を読みあげるのではなく、神前で今から行う神事等を奉告するもので、口語で行われる。その後、車に乗り合わせて見付天神から北へ二キロほどのところにある元宮天神社（昔、矢奈比売神社があったところと伝えられる。通称「元天神」）へ向かう。

見付天神の後押《あとお》し坂を下り、元の鳥居のところを北へ右折し、旧山梨街道を北へ行く。元宮天神社

神を迎える心と儀礼

野本寛一（近畿大学名誉教授）

遠州灘の蒼海《そうかい》に真向い、渚近くに神籬《ひもろぎ》を立てる。神職・先供《さきとも》・輿番《こしばん》たちが白砂の上にひれ伏して祈る。そして、褌《ふんどし》一つの姿で常世《とこよ》から寄せくる重波《しきなみ》を浴び、心身を浄め、禊《みそぎ》をする。町内ごとに、整然と渚に至り、厳粛に潮水を浴びる。子供たちも大人と同様褌一つである。この禊をしない者は祭りに参加することができないといわれる。

延喜式内社、矢奈比売神社の例祭は旧暦八月十日、十一日で「見付天神裸祭」として広く知られている。浜垢離は祭日の三日前だ。

本祭の第一日目、午後六時から子供連の練りが、午後九時から大人たちの練りが始まる。練りの及ぶ範囲は、西の境松御旅所から東の三本松御旅所の間で、他に、矢奈比売神社拝殿で鬼踊りと称する激しい練りが行われる。裸衆―その新藁の腰蓑《こしみの》が印象的である。祭二日目に入った午前零時一〇分ごろ、境

内の山神社で祝詞《のりと》が奏上される。途中煙火《はなび》があがる。それを合図に一番触れが発つ。三番触れ出発後に出御した神輿が淡海国玉神社に着御するまでの間、町内の各戸は全て灯火を消して忌《い》み籠《こも》りをする。境内社の「山神社」が重い役割を果たしていることがわかるのだが、考えてみれば、磐田原台地は南アルプスに連なる最南端の山的な場である。山の恵みはじつに多彩である。

さて、裸衆は一体何を託されているのだろうか。腰蓑は「注連縄《しめなわ》」であり、それは横綱が締める、シデを垂らした白麻の太綱と同じである。練りもまた、力士のシコ（四股）即ち力足と同質だと見ることができる。それは、芸能の中に見られる反閇《へんばい》や仏教系儀礼の中のダダ踏みにも通じている。地霊を鎮《しず》め、邪悪なるものを鎮圧する所作である。祭の流れの中で見れば、神のお下りの前に地霊を鎮め、悪しきものを祓う営為だということになる。古くからの宿場的な場は人の往来も激しく多様なものが流通する。中には邪悪なるものもある。悉平《しっぺい》太郎伝説の狒々《ひひ》のごとき悪しきものの象徴であろう。悪しきものはことごとく踏み鎮めなければならないのだ。この呪力はどの時代にも通じるはずだ。組織力と信仰心に支えられた裸祭はたしかにこの町に活力を与えている。

　見付天神裸祭は、海と町と山を結ぶ南北の軸と、古来、この国の大動脈として機能してきた東西を結ぶ道の軸の交点でくり広げられる。また、先人たちから伝承してきた厳粛な禊ぎと、「比佐麻里祭」（ひそまり祭の意か）に象徴される厳しい物忌みによって支えられているのもこの祭の特色である。そして、次代を担う子供たちが積極的に祭に参加していることがこの祭と地域の未来に明るさをあたえていると言えよう。

野本寛一　のもと・かんいち
近畿大学名誉教授。静岡県生まれ。文学博士（筑波大学）。日本民俗学。平成27年文化功労者。著書に『稲作民俗文化論』（雄山閣）、『生態民俗学序説』（白水社）、『神々の風景―信仰環境論の試み―』（白水社）、『海岸環境民俗論』（白水社）、『地霊の復権―自然と結ぶ民俗をさぐる』（岩波書店）、『自然と共に生きる作法―水窪からの発信』（静岡新聞社）、『季節民俗誌』（玉川大学出版部）など著書多数。

から三〇〇メートル手前で車を降り、隊列を組んで道行《みちゆき》をする。先供の世話方が先導し、手に神籬《ひもろぎ》（榊）を持った宮司が続き、神官、氏子総代、先供が二列に並び歩いて、元宮天神社の鳥居をくぐる。この宮司が持った榊が元宮天神社の本殿に納められ翌年まで御神体となって祀られる。

元天神社祭　元宮天神社では、この祭事始の日が元天神地区の秋の祭典の日であるとし、午前中に元宮天神社境内に据えられた土俵で子ども相撲大会が開かれ、屋台の引き回しも行われる。

午後三時より「元天神旧社地ノ祭」が拝殿で執行される。宮司、神職、保存会長、氏子総代代表、先供が拝殿内に座し、元天神町の地元の人たちや多くの参詣者が見守る中で行われる。修祓《しゅうばつ》、献饌《けんせん》、祝詞奏上、玉串奉奠《たまぐしほうてん》、撤饌《てっせん》、宮司拝礼と続く。このとき奏上される祝詞は「元天神社地祝詞」であり、「元つ御社地に榊の枝に木綿取垂て刺立て御斯葉下《みしばおろ》しの事執行ふ形状を御心も平穏に見備し聞食《きこしお》して今より仕奉らむ大御祭は清く美しく仕奉らむ」と唱えられるように、元宮天神社ではこれから始まる大祭、そしてその日の御斯葉下しを無事に行えるように祈願する。また、榊を納める行事があり、通常の玉串奉奠とは違い、宮司が携えてきた神籬《ひもろぎ》（榊）を御神体として納める。

祭事が終わると拝殿東隣の公会堂で直会《なおらい》（祭事の後に参列者が神とともに共飲共食すること）となる。この後、元宮天神社には、元天神町の屋台のほか、東区の富士見町（元門車《げんもんしゃ》）、住吉町（宮本）の屋台も集まり、大勢の人が集まったところで餅撒《もちま》きが行われる。

宮司、神職、氏子総代代表、先供はこの後、しばらくして見付天神に戻り、拝殿に着座して奉告祝詞（口語）を奏上して一度解散する。

先供世話方の先導で元天神社への道行をする宮司や氏子総代たち

元天神社祭で、修祓を受ける地元、元天神町の人たち

豆知識

【先供】神輿渡御に従う道具持ちの役割の氏子を「先供」と呼ぶ。白丁《はくちょう》、烏帽子《えぼし》、白足袋《しろたび》の姿である。現在でも見付地区で世襲を基本としている。

その頭を「世話方」と呼び、神輿の先導、渡御行列の先頭など、裸祭の神輿渡御にあたり、中心的な役割を担う。

道具は先供が奉納したと言われ、奉納した者がその道具を持ち神輿に従う。現在、大榊、黒長幣、黒幣、杖、大弓、御矢、半弓、大刀、金幣、黒短幣、大鉾の一〇種が伝わる。

平成三〇年現在で三〇人の先供がいる。

近世の資料では白丁を着、烏帽子を被《かぶ》った神事奉仕者が記されているのが、この先供と考えられる。大正五年の『例大祭　祭儀次第書』には「社丁」と記載された奉仕者、道具持ちが現在の先供である。

現在、裸祭の神事では多種の役割を果たしている。もともとは道具持ちが役割の中心であったが、太平洋戦争中、人手不足で神社が大祭のさまざまな役割を果たせなくなり、先供がこのとき多くを担うようになったと伝える。

御先供のお日待ち　夕刻の六時に御先供のお日待ちが行われる。日待ちとは寄り合って直会することで、先供が見付天神のつつじ館で主催し、宮司、神職、氏子崇敬者会会長、見付地区自治会地区長および保存会長を招く。このとき必ず、先供たちが自ら作った「さくらめし」（醤油で味付けして炊いた御飯）を出す。このさくらめしは、神社に神饌《しんせん》としてあげられた御饌米《おせんまい》を用い、献上された御神酒《おみき》を使って、先供が自らの手で炊く。

神職から門榊をもらい受ける榊番たち

ミシバオロシ

ミシバオロシで門榊が立てられた三本松御旅所

見付天神へ向かう小道の塚を「元門」といいミシバオロシの時には、門榊を２本立てる

豆知識

【ミシバオロシ】「オミシマサマ」とも「ミシバオロシ」ともいい、大正五年の『例大祭　祭儀次第書』には「御斯葉下」の字を当てている。山中共古《やまなかきょうこ》は明治四〇年の『見付次第』で、「意味不明」であり、「御見代様」や「道芝さま」ということもあるのかとの言い伝えを記録している。全国に伝承される「柴挿《しばさし》」の神事と元来は同じであると考えられる。「シバ」は神の依代《よりしろ》の榊を意味し、それを立てて斎《いみ》のしるしとしたものである。大分県の宇佐《うさ》八幡宮の「柴挿し神事」が著名である。鈴木正宗氏は見付天神裸祭の「ミシバオロシ」は柴挿し神事の典型例であると紹介している。

お日待ちでは、ミシバオロシでの榊番のクジ引きが行われる。クジはこよりを用い、一五本用意して、一本一本に門榊《かどさかき》を立てる場所の一三カ所の名を書き入れておく。このクジ引きで、ミシバオロシの時に立てる一五本の門榊を、先供の誰が立てるかが割り当てられる。夜の榊番が決まったところでお日待ちは終わり、解散する。

御斯葉下《みしばお》ろし　夜九時に再び先供《さきとも》全員が拝殿に集合し、御饌米を懐紙《かいし》に包み、ミシバオロシの用意をする。一五本用意された門榊は一メートルほどの榊に麻と木綿を垂らしたものである。

九時四五分、斎服《さいふく》姿の宮司、白丁《はくちょう》（狩衣《かりぎぬ》の一種）と烏帽子《えぼし》姿の神職と先供が拝殿に着座し、「御斯葉下ろし出向奉告祝詞」を宮司が奏上する。次に「召立文を読み上げる」というが、神職が榊を立てる場所を言い、先供世話方が召し立て名前を呼ぶと、先程のお日待ちでクジを引いて決めた榊番の者が「オーッ」と大きな声を張り上げて前に進み出て神職から門榊をもらい受ける。決められた一五人の榊番がおのおの門榊をもらい受ける。

夜一〇時になると煙火《はなび》が一発上がる。先供世話方が「参ろう」と大きな声をかけ、出発を促すと一斉に消灯される。このとき見付天神はじめ門榊を立てる旧東海道の大通りは消灯される。消灯時間は三五分間という決まりになっている。先供世話方が先導し、ミシバオロシの隊列が拝殿を出て社務所に向かう。社務所前で先供世話方が大きな声で「社務所」と言うと、社務所の榊番になった先供の一人が「オーッ」と声を出し、門榊を差し出してそこに立てる。神職がその門榊の周辺に御饌米を撒《ま》く。次に宮司が「御斯葉下ろし祝詞」を読み上げる。

以上のことを、門榊を立てる場所で繰り返す。門榊を立て祝詞を奏上すると神職と先供の隊列は駆け出し、次の場所へ移動する。暗闇を白衣を着た者たちが疾走する。①社務所②大鳥居（左右二本）③出口の井戸④愛宕《あたご》下⑤元門（左右二本）⑥三本松御旅所《おたびしょ》⑦東坂梅の木⑧総社の門⑨西坂梅の木⑩河原の入口⑪横町土橋《よこまちどばし》⑫境松御旅所《さかいまつおたびしょ》⑬虎屋前の一三ヵ所である。②大鳥居と⑤元門のところでは左右に二本の門榊を立てる。都合一三ヵ所一五本の門榊を立てることになる。

「御斯葉下出向奉告祝詞」の一文に「御斯葉下シ刺立置テ道清メニ浄メ奉ラム」とあるように、見付天神から旧東海道沿いに、見付宿の東の端の⑥三本松御旅所から見付宿の南西の端の⑬虎屋前まで、門榊を立てて清め、見付の宿を清浄な空間にする大切な儀礼である。

虎屋前に門榊を立ててミシバオロシは終わり、神職、先供は見付天神に戻り、この日の祭事を終える。

豆知識

【浜印《はまじるし》】各祭組が浜垢離の際に持っていく、祭組の名前が入った幟幡《のぼりばた》のことである。笹の葉のついた三・四メートル前後の笹竹に、各町の名前を墨書した晒《さらし》の布（現在では永年使用できるようなつくりをしている）を付ける。

この笹竹はできるだけ威勢のよい、青々とした竹を町内の決まったところで採ってくる町も多い。下ろしたばかりの清浄な晒の布に祭組名を墨書する。

浜印は浜垢離の日、各祭組の先頭に常に掲げられる。以前、屋形船で浜垢離に行っていた頃も各祭組の壮麗な幟と並んでこの浜印が掲げられていた。浜垢離で波打際へ向かうときも先頭にあり、海の中で身を浄める時もその練りの集団の中心にある。

その日、各祭組に帰ってきた後、矢奈比売神社に御礼参りに行くときも、祭組の集団の先頭はこの浜印である。

二、大祭三日前から前日

大祭三日前（浜垢離）

小祓い渡し　朝七時半、見付天神の大鳥居前では神職と先供が用意した小祓《こばら》いを、先供が、取りに来る各町の者に手渡す。このとき二本の小祓いが配られるが、一本は浜垢離に出掛けるバスを祓うため、もう一本はその町内の氏子を祓うために渡される。この小祓いは警固長が浜垢離の際に浜に持って行き祓い、神籬の下に挿《さ》して来ることになる。

浜の神事へ向かうところ

松原の神事

一方、九時二〇分に見付天神拝殿においては、宮司、神職、氏子総代、先供が着座して浜垢離出向奉告が行われる。先供は小祓いを配りに行った者以外全員が参集する。八時四〇分にトラック、バス(以前は屋形船であった）を仕立てて遠州灘に向かう。トラックは先供が運転し、荷台には先供の浜印《はまじるし》が乗せられ、また浜垢離に用いられる鉾《ほこ》、大榊（神籬）がロープで固定されて載せられる。トラックがまず先に出発し、大原の大杉家に寄って、用意されている放生会《ほうじょうえ》に用いる「命《め》の魚《うお》」であるイナ（鯔）を受け取りに行く。ただ、大杉家では浜垢離の一〜二日前に今《いま》ノ浦川に行って、投網《とあみ》でイナを獲るが、現在フナで代用している年もある。

大杉家でイナを受け取ったトラックは、バス二台を待ち浜垢離に向かう。イナと浜印が乗ったトラックを先頭に、宮司、神職、氏子総代、先供が乗ったバス二台、そしてその年の輿番《こしばん》が乗ったバスが続く。トラックとバスは今ノ浦川に沿って南に下り、今ノ浦川が仿僧川《ぼうそうがわ》と合流したところの中島橋を渡り、福田の海岸に出る。

松原の神事　福田の海岸には宮司、神職、氏子総代、先供、輿番を乗せたトラック、バスが九時半頃着くが、各町のバスはこれより後に到着することになっている。浜垢離をする海岸の松原で放生会の神事である浜松原放生会祭が行われる。神事を行う場所は注連縄《しめなわ》を張って結界《けっかい》し、中央の松に鉾《ほこ》を添わせて立てる。この松が神籬である。鉾の前に供物《くもつ》、命の魚を供える。

また、先供と輿番の浜印も掲げられる。狩衣姿の宮司と神職、白丁烏帽子の先供、輿番、法被《はっぴ》姿の氏子総代が鉾に向かい着座する。松原の神事は、献饌、命ノ魚献供、そして宮司が「浜松原祝詞」を奏上する。この祝詞には「伊那ノ魚ハ生ノ随ニ此ノ傍ノ清キ渚ニ放チ遣リテ」とあるように、松原の神事の中心は矢奈比売の神に生きている伊那（イナ）を献上し、放生することである。撤饌を終えると、放生会と呼んでイナの入った桶《おけ》を先供が斎場から担ぎ出し、北へ一〇〇メートルほど行った水路に放つ。この場所は現在コンクリート護岸された水路であるが、以前は池があったという。確かに、昭和三一年の五千分の一都市計画図を見ると中島橋を南に渡っていった浜へ続く道の西傍らに小さな池が確認できる。放生会に向かった後、祭場では直会が行われ、松原の神事は終わる。この後、そのまま遠州灘の浜に出て浜の神事に移る。この頃になると、各町のバスも到着し、松原の中は賑々《にぎにぎ》しくなってくる。

豆知識

【イナ】鯔《いな》はボラの幼魚（二センチほどの大きさのもの）の呼び名である。ボラは出世魚で、成長につれて呼び名を変える、めでたい魚とされる。スバシリ→イナ→ボラ→トドと、江戸では名称が変わった。鯔《ぼら》は江戸の庶民には馴染みのある、庶民的な魚であった。イナは「イナ背」（粋でおとこだてが良い若者）という言葉が今でも残る。トドも「とどのつまり」（過程でいろいろあった後の最後のところ）のトドである。

ボラは伊勢志摩などでは祭礼の際に「神饌」として用いられる魚として扱われている。見付天神裸祭では大原の大杉家が今ノ浦川で捕獲して用意し、それを先供がもらい受け、浜垢離の松原の神事で放生会として放魚する。

放生会で水路にイナを放つ先供ら

海浜修祓　宮司、神職、先供、輿番そして氏子総代が隊列を組んで波打ち際の砂浜へ向かう。先頭に鉾を持った神職が立ち、波打ち際に近付いたところで鉾を大きく三回左右左と振り祓う。浜では、波打ち際手前に神籬の大榊と鉾を同じ箇所に立てる。それに先供の浜印と輿番の浜印も一緒に立てる。宮司、神職、氏子崇敬者会役員、先供、輿番が大榊と海に向かって着座する。禰宜《ねぎ》が「迎神ノ祝詞」を奏上する。この祝詞は「祓戸《はらえど》の四柱」とよばれる瀬織津比咩神《せおりつひめのかみ》、速秋津比咩神《はやあきつひめのかみ》、気吹戸主神《いぶきどぬしのかみ》そして速佐須良比咩神《はやさすらひめのかみ》の四柱の神々と綿津見大神《わたつみのおおかみ》を神籬である大榊に迎えるという内容になっている。

その後、献饌、そして宮司が修祓祝詞を奏上する。次に神職・参列者を修祓する。この浜の神事に参列している神職、氏子崇敬者会役員、先供、輿番は神職より小祓いの串を受け取り、身体の穢《けがれ》を拭い、息を吹き掛け、自分の足元に刺す。撤饌をして最後に禰宜が「昇神ノ祝詞」を奏上する。先ほど降臨していただいた五柱の神々をお送りする祝詞である。神々は人々の罪穢を祓い清めるために神籬に降臨して、役割を終えて昇天する。

浜の神事が行われている頃、各町はバスで到着し、浜垢離、浜遊びのため、松原に各町まとまって陣取り、鉢巻、褌《ふんどし》姿で浜印を先頭に続々と浜に出てくる。浜の神事が終わる頃には、多くの町内の塊が大榊の周辺に大きく取り囲むようにして集まってくる。

浜垢離　浜の神事を終えた宮司以下神職は狩衣を、先供、輿番たちは白丁を脱ぎ、褌姿になって神職、先供、輿番の順で海に入り、禊をする。先供は波打ち際で小石一二個を拾い、海水で洗われた砂を採り、清浄な海水を汲み、これらを持ち帰る。

大榊の神籬の下にさした小祓い

警固長に先導されて浜まで来た各町の者たちは、警固長が小祓いの串で身を拭《ぬぐ》い、町の穢を小祓いに託して神籬の下の砂に挿し、宮司、神職、先供、輿番たちが海に入った後に、次々と海に入っていく。各町は警固長の指示の下、浜印を先頭にして海に入り、浜印の下で練り、垢離をとる。子供たちだけの集団をつくっている町内も多く、それらの町内では、安全を考慮して、先に子供たちだけ海中で練った後、子供たちを浜に上げてから、大人が海中に入る。このとき、各町でも波打ち際の海水と砂を取り、持ち帰る。各町では隊列を組み、浜印、警固長を先頭に松原へ戻る。

豆知識

【浜垢離】海浜で禊《みそぎ》をすることをいう。「垢離《こり》」は仏教真言宗《しんごんしゅう》および修験《しゅげん》道《どう》から起こった言葉であるが、神祀りするに際し沐浴《もくよく》（水浴）して心身を浄めることであり、全国の祭りで禊をするときに使われる。

見付天神裸祭でも遠州灘の海浜でこの垢離が行われるために「浜垢離」と言われるが、明治時代に山中共古が記した『見付次第』の中では「浜降《はまお》り」と表現されている。

全国の海浜に臨む地では、祭礼のとき人びとが海岸に出て、潮水を浴びる行事「浜降り」が伝わっている。海水にはものを浄化したり再生させたりする霊力があると信じられてきた。

裸祭の浜垢離が「浜降り」と呼ばれた時期があったのかは不明だが、海浜で禊をする心意は同じである。遠州では掛塚や府八幡宮の祭礼の際にも行われる。

浜遊び　ここからは松原の中で、各町が持ち込んだ御馳走を広げ、楽しく歓談する浜遊びが始まる。町の自治会が「浜垢離の御馳走」として里芋、蒟蒻《こんにゃく》、竹輪の煮たものを串さしにして用意するところもある。現在では各町、各自が今の参加者の好みに合わせた料理を作っている。

松原の中央の広場では子供たちや中学生の練りが繰り広げられる。現在では、保存会青年部の指揮の下で行われる。また、道具を持ち込んでお囃子《はやし》を奏する町内もある。現在では午後二時を過ぎると各町はまとまって、片付け、バスに乗って帰着する。

お礼参り　バスが浜垢離から戻ると、各町は一度、公民館に帰り解散した後、夕刻、再び集まり、見

「浜垢離迎神ノ祝詞」を奏上

浜の神事の後は褌姿で海に入り浜垢離

付天神へお礼参りに向かう。現在では、お礼参りが子供たち中心の行事になっている。

お礼参りで屋台を曳き出す町は、西区では加茂川通、河原町、水堀、幸町、西中区では二番町、東中区では地脇町、東区では権現町である。大人も子供も法被姿で参加している。

お礼参りには浜印を持ち、屋台では子供たちがお囃子を奏しながら見付天神に向かう。見付天神に向かうときの行き、または帰りに淡海国玉神社に参拝する。屋台を曳かない町は、浜垢離に参加した大人と子供が法被姿で浜印を持って見付天神に参拝に行く。

お礼参りの屋台は、旧東海道など主な道を通りながら見付天神に上る後押し坂の前まで来て、元の鳥居のあたりで屋台を仮置きし、参拝者は歩いて坂を登り、見付天神に参拝してくる。各町において、参拝の順番は決まっていない。おおむね日が完全に暮れた夜七時前後の参拝になる。

浜垢離の日より宮司、神職は、見付天神に籠《こも》る。寝泊りは拝殿東側の参集殿でということになり、食べ物は、基本的には肉類を避けた見付天神が出す料理のみである。大祭の前日の夜は、半返しの御神酒を神社に献上に来る町内があるため、ほとんど夜通し拝殿に居ることになり、拝殿で仮眠をとる程度である。

浜垢離から大祭までの間に、大祭に用いる道具、榊、御幣《ごへい》（紙垂《しで》）などを用意することになる。これは、浜垢離で穢が祓われ、籠ることでより一層の精進潔斎《しょうじんけっさい》がなされた身で大祭の諸準備をするという意識が働いている。

大祭日前日

御池の清祓い　夜八時から見付天神の境内で御池の清祓いが行われるが、その前に斎場を設え、諸準備に入る。

拝殿の南西にある伊勢神宮遥拝所《ようはいじょ》の扉を開け、浜垢離の浜の神事に用いた鉾を納める。遥拝所の南にある御池の中央に榊を立て、御池の東側に祭場を設ける。案《あん》（八ツ足机）を据え、その回り四方に笹竹を立て、注連縄を張り、祭場を結界する。祭壇の中央に矢奈比売神社（見付天神）の神符《しんぷ》を供える。池の北東の大石の上に庭燎《にわび》を用意する。

先供が持ち帰る 12 個の小石

庭燎が焚《た》かれ、宮司以下神職が祭壇辺りに配置し、先供、氏子総代、浦安ノ舞の舞子、その他、輿番、保存会、各町代表なども参列し、御池の清祓いの神事が始まる。神事は、献饌の後、宮司が「御池祓詞」を奏上する。この祝詞には「祓ノ神事仕奉リ御社内神宝ヲ祓清メ奉リ」とあるように、裸祭に向けて境内を祓い清める神事である。

先供世話方を先頭に、神職と先供がまず拝殿に上り、大麻《おおぬさ》、海水、海砂で、正面、東、西と祓い清める。海水と海砂は浜垢離の、浜の神事の時に採取してきたものである。

三人の神職は、各々大麻、塩湯（浜垢離で採取した海水

庭燎が焚かれて神事が始まる

御池の清祓いの参列者たち

を榊の葉が七枚または九枚付いた枝で撒き祓うこと）、海砂（桶に浜垢離で採取した浜砂を入れたもの）を持って役割を分担し、祓い清めの場所に来ると、大麻による修祓を行い、海水を撒き、そして海砂を撒く。拝殿を出て、巡りながら修祓を繰り返していく。

神庫→参集殿→梅の湯→本館→山神社→赤鳥居→今の鳥居→元の鳥居→本通り出口と修祓していく。本通り出口のところで修祓が終わると、みんな御池の斎場へ戻るのであるが、後ろに付き従っていた先供は、大麻と塩湯を神職から受け取り、旧東海道を西へ向かい、中川橋まで行って、橋の上から大麻を川に投げ捨てて戻る。

神職、先供たちが修祓に行っている間、二〇分間ほど、参列者は待たされることになるが、この間を利用して、宮司が裸祭のこと、御池の清祓いの意味などを分かりやすく参列者に話す。

神職、先供が全員戻ってきた後、神職から榊を受け取り、小祓いで参列者全員が自身を祓い篝火《かがりび》にくべる。撤饌をして、神符を撤して、御池の清祓いを終える。

ここで参列者は解散になるが、宮司は拝殿に入り、本殿に神符を納める。なお、この夜、神職たちはそのまま拝殿に籠ることになる。

三、大祭日

大祭一日目

（一）午前中の動き

御神酒献上（半返し） 大祭の一日目は、各祭組が御神酒を神社に献上に来ることから始まる。西区の親町《おやちょう》である西坂町（根元車《こんげんしゃ》）から御神酒が献上されるのを待って、他町も御神酒を献上する慣わしである。どうして西坂町なのかの伝承は伝わっていない。西坂町は午前零時を過ぎると警固長が御神酒を献上に拝殿に来る。拝殿に籠っている神職が対応するのであるが、献上された一升の御神酒は「半返し」といって、半分を神社に奉納して、半分を町に返す。

このとき各町には榊が手渡される。この榊は各会所の祭壇に供えるものである。各町では、万燈（山車）の先端に付ける榊が必要で、大人連と子ども連の万燈の榊にするもの等をもらい受けてくる。現在では、西坂町と二〜三の町が午前零時過ぎの未明に献上に来るが、ほとんどの祭組は早朝六時前後に献上にやって来る。

会所設営はこの日の午前中に行う町が多い。各町では町の公民館、公会堂そのものを会所にしたり、その前の空き地、駐車場に会所を設けたりしている。

昭和三〇年前後までは、会所は民家に設営する町が多かった。旧東海道沿いの町では、旧東海道に面している家で会所を持ち回ることにしていた町が多い。民家を会所にする町は現在ではなくなってしまった。

町によっては会所にする場所を、浜垢離の際に採取してきた海水と砂を撒いて場を清めたり、会所を設営する場所の四方に砂の山を盛り作るところもある。この清めをした後、テント等で覆屋《おおいや》を造り、祭壇を設け、会所を設置する。祭壇には御神酒献上で授かった榊、半返しの半升の御神酒を供える。この日の昼前後に会所開きとして、町の人々が集まって会所開きの式を行う町もある。

矢奈比売神社例祭　神社にとっては最も重要な祭事と位置付けられるのがこの大祭一日目の午前一〇時から行われる矢奈比売神社例祭である。平成二〇年まで静岡県神社庁から遣幣使《けんぺいし》が派遣されて例祭が行われたので、この例祭は「遣幣使参向祭」とも呼ばれた。

一〇時に煙火が打ち上げられ、例祭が始まることを見付地区に人々に知らせる。遣幣使を迎えていた平成二〇年までの式の内容を記す。現在でもこの式は遣幣使の関係する内容を除けばそのままである。例祭に臨むのは、宮司、神職はもとより、市長、市議会議長、氏子崇敬者会会長および役員総代、府八幡宮《ふはちまんぐう》総代、自治会連合会見付地区長、先供代表、梯団長、商工会議所代表などである。

遣幣使を迎えて祓い清めるため、拝殿西側の祓所《はらえど》で修祓が行われる。祓所は注連縄が入口に張られ、結界されている。この中に遣幣使、宮司、神職、氏子崇敬者会役員、先供が入り並ぶ。禰宜が「祓詞」を奏上する。そして、大麻と浜垢離で持ち帰った海水とで、これから供える神饌と参列者一同を

矢奈比売神社例祭に参列する氏子たち

祓い清める。この後、一同は拝殿に上がり、着座する。宮司が拝した後、神殿の扉が開かれる。献饌として次の神饌が各々本殿（矢奈比賣之神を祀る）、東相殿（菅原道真公を祀る）、西相殿（地元の神々一三神を祀る）に供えられる。

〈本殿〉三方《さんぼう》一一台・・・和稲《にぎしね》、荒稲《あらしね》、酒、餅、海魚、川魚、卵、海菜、野菜、果物、菓子、塩水

〈東相殿〉高案《こうあん》八台・・・川魚を省き、他は本殿と同じ神饌

〈西相殿〉大三方一台・・・米、餅、酒、魚

大三方二台・・・作菓（二重餅）

次に宮司が「例祭祝詞」を奏上する。そして遣幣使の奉幣が行われていた頃は、ここで幣帛《へいはく》の奉納となった。

一〇時半を回ったところで、小学校六年生の女の子たちによる浦安ノ舞が奉納される。そして、

浦安ノ舞

参列者による玉串奉奠が行われる。撤饌、閉扉、宮司一拝で例祭は終了する。

(二) 午後の動き

浦安ノ舞奉納　午後四時に再び浦安ノ舞が奉納される。拝殿中央で舞が披露され、一般参詣者も見ることができる。

遥拝所祭　午後四時頃に、見付天神拝殿の南西にある伊勢神宮の遥拝所において祭事が行われる。神職が、神饌（大三方《さんぼう》二台に米、餅、酒、魚を盛る）を献じ、宮司が「遥拝所祝詞」を奏上する。

氷室神社祭　遥拝所祭が終わると連続して、すぐ南隣にある氷室神社において祭事が行われる。やはり、宮司、神職が、神饌（三方一台に米、餅、酒、魚を盛る）を献じ、神職が祝詞を奏上する。

輿番清祓　夕刻四時頃から輿番の清祓が拝殿西側の祓所で行われる。祓所に案（八ツ足机）を設け、その上に大麻、塩淵(浜垢離のとき採取した海水が入っている)、三方五台(米、酒、魚、野菜、磯物、塩、水を供える)を用意する。宮司、神職そして輿番全員が参列する。宮司と神職は狩衣姿であり、輿番は袴つきの白丁、白足袋に草鞋《わらじ》、そして烏帽子を被る。宮司が拝礼し祝詞が奏上される。禰宜が「大祓詞」を奏上する。次に大麻、海水で輿番全員を修祓し、撤饌して輿番の清祓を終える。清められた輿番は拝殿の神輿を祝詞殿中央に据えて町に帰る。

(三)大祭の始まる前

子ども連 夕刻六時から子ども連が始まる。大正三年に始まったと伝えられる子ども連は現在、各梯団にその運行が任され、梯団ごとにルールが決められて、梯団としてまとまって運行される。

西区では、平成一八年までは、各町が各会所から出て、旧東海道で、大人連が梯団組織を組むときの順番で進んで行った。中央町、加茂川通、河原町、梅屋町、西坂町、一番町、幸町の順に旧東海道を出て、東へ向かった。途中、総社へ入り、総社の拝殿へ上がるスロープの上で一町ずつ練り、総社の本殿を右回りに一周して、再び旧東海道へ出た。西区の隊列の順番で旧東海道を東へ進み、愛宕の坂を上り、三本松の御旅所で折り返し、再び愛宕の坂を降り、見付天神へ向かった。

見付天神では、各町が一町ずつ拝殿へ上るスロープで練り、そのまま見付天神の本殿を右回りに一周した。拝殿前で隊列を整え、見付天神を降りていく。旧東海道を西区に向かい、各町の小路でそのまま梯団から外れて、各町の会所へ戻った。各町の会所へは夜八時前には戻る。

子ども連

　平成一九年より、西区では一番町の西之小路と水堀の不用小路《ふようしょうじ》の間のマックスバリュの前に全町が集合して、ここで隊列を組んで東に向かうことになった。

町内回り・刻限触れ・ワタリツケ　西区、西中区では現在でも大人連が夜九時に旧東海道に出て行く前に、青年が中心となって集団をつくり、手拭い、褌、晒の腹巻、腰蓑、足袋、草鞋という裸祭の姿で、各町の決まったルール、経路を守って、町内および各々の梯団の会所を巡る。この動きを大別すれば、町内を回る動き（これを「町内回り」「刻限触れ」と呼ぶ町もある）と、同じ梯団の各会所に挨拶に回る動き（これを「刻限触れ」「ワタリツケ」「挨拶回り」と呼ぶ町もある）とに分けることができる。ただ、町によっては、町内回りと梯団の各会所回りが連続して行わ

大人連の万燈

れ、別のものとの意識がない町もある。
「刻限触れ」は西区での言い方であるが、今から裸祭が始まるという「刻限」を告げるために青年が町内を巡ることに由来すると伝えるが、町内回りと各会所回りとが一連の動きになっていて、その動きを「刻限触れ」と呼んでいる。ワタリツケは西中区、東中区で用いられる言い方である。

西区の刻限触れ　西区では刻限触れが、陽の沈みかかった夕刻六時半過ぎ頃から始まる。西区の一つの町内である幸町（玄妙小路）でその動きを見る。

会所から子ども連が出て行くのを見届けた後、青年を中心にして十数名の裸の男衆が腕を組みつつ掛け声をかけながら、小走りで会所を出る。西区の取り決めで各会所巡りは夜七時以降になっており、町内回りのコースと

豆知識

【刻限触れとワタリツケ】

見付天神裸祭では祭組の、大人の裸衆が東海道に練り出す前、大祭の夕刻に梯団内の他町に青年衆が中心となって挨拶に行く。これを西区の梯団では「刻限触れ」と呼び、西中区、東中区の梯団では「ワタリツケ」と呼んでいる。東区の梯団は現在では行っていない。西区では各祭組にその運行は任されており、挨拶の口上《こうじょう》なども独自でやる。

東中区ではワタリツケは親町への挨拶の性格が強く、口上もその内容と定型化されている。梯団を超えて挨拶に行くことはない。

宵と夜中の祭りが分かれていた頃、宵の祭りは梯団単位で結束して行われた。宵の祭りが始まる前、親町を中心にまとまる意味でこの梯団内の挨拶回りがあったと考えられる。

刻限触れは、時刻を知らせる伝令の役が意識されている。ワタリツケは親町へ渡りを付けて挨拶することか。

各会所回りをうまく組み合わせて八時には会所に戻れるように事前に計画をたてておく。幸町の会所を東へ出、化粧坂《けわいざか》を上り北へ向かう。幸町ニュータウンまで北上する。その途中、幸町内の中山宅、藤野屋、夏目宅、斉藤宅、斎木宅、安間宅に寄り、その家の前で一練りし、家の者が出迎えるのに挨《あい》拶《さつ》をし、もてなしを受ける。

夜七時を過ぎると町内回りをほぼ終え、西区の会所へ挨拶に回る。まず、水堀の会所へ行く。小走りで声を出しながら移動しているところで、挨拶する会所が近くなると、ゆっくり歩み近付き、会所の前で立ち止まる。一列横に並び、手拭いを取り、提灯を持っている者は提灯を下に置き、年長者が音頭を取って一斉に「おめでとうございます」と挨拶する。年長者は「幸町です。本年の祭りもよろしくお願いします」と代表して挨拶を述べる。接待を受け、しばらく歓談した後、また横一列に整列して辞する挨拶をする。

そこから真っ直ぐ南下して親町《おやちょう》である西坂町に行き、旧東海道に出て西へ向かい、西之小路を入り、裏道を通って一番町の会所へ行く。この裏道は人一人がやっと通ることができるほどの狭い小路であるが、以前ここには一番町の会所があったため、西之小路を入って必ずこの狭い小路を通って一番町の会所に行くことになっている。そこから西木戸に出て、加茂川通の会所に寄り、北上して河原町の会所へ、そして最後に梅屋町の会所に挨拶して、幸町の会所へ戻る。戻ると八時を過ぎるぐらいの時間になっている。

西区の各町ではこの幸町と同様に、町内回りから西区の各会所に挨拶に回ることをする。ただ、巡る経路については、各町独自に設定しており、時代変遷もある。

西中区のワタリツケ　西中区は、裸祭に出る前に梯団内の各町に挨拶に回ることを「ワタリツケ」と呼んでいる。各町はいずれもこのワタリツケを行うが、各町独自の経路、順番のルールをもっている。ここでは二番町のワタリツケを見る。

青年二〇名ほどで、午後八時一五分頃になると元倉町が最初にワタリツケに来る。その後、馬場町、最後に天王町が来てからワタリツケに出た。北井上小路（旧東海道と中央幹線交差点北）を南に下り、新門の十字路をそのまま南に行って、まず天王町の会所に行った。そして戻りつつ南小路に出て、南

西中区のワタリツケ

小路から旧東海道に出て西進し、倉小路を南に入って、元倉町の会所に挨拶し、そのまま戻って旧東海道に出、東進し、馬場町の会所に寄り、新門の十字路を経て、北井上小路を北へ上がり、会所へ戻った。

東中区のワタリツケ　九時、親町の宿町では青年三人ほどの四組を選抜するとそれぞれが、清水町、新通町、中川町、地脇町の四町に向けて「オイショ　オイショ」と掛け声を掛けながら走る。会所に到着すると、責任者は定められた口上《こうじょう》を述べて、祭礼の挨拶をし、梯団形成までの時間や合図の確認をする。

これを東中区の梯団ではワタリツケと呼んでいる。ワタリツケを受けた各町は、親町の提灯の合図に従い合流する旨を伝えに、五人ほどが親町会所へ返礼に向かう。

これに先立ち、地脇町は八時三〇分には一・五

西区と東区の梯団の挨拶

キロほど離れた元宮町に集結している北部四町に向けて走り、ワタリツケを行う。四町のワタリ役は地脇町へ向かい返礼を済ませると、地脇町と共に親町の宿町会所へ返礼に向かう。

東区ではワタリツケに相当する他町への挨拶などは行われていない。

（四）大祭の始まり

御神霊移御祭　夜九時、見付天神の殿内では、神霊《しんれい》を神輿に移す神事が行われる。神輿を祝詞殿の中央に据え、殿内の電灯を消す。神輿を正面から隠すように幕で覆う。宮司が本殿より神霊を奉じ、神輿の中に遷座《せんざ》させる。幕を取り除き、神職が神輿を装飾する。宮司、神職が整列し、まず、献饌を行う。案（八ツ足の机）四台に米、酒、魚、野菜、果物、磯物、塩、水の神饌を並べる。宮司が「神輿御遷座後祝詞」を奏上する。玉串奉奠し、

豆知識

【梯団】「梯団《ていだん》」という言葉の響きは戦争をイメージさせる。軍隊用語で、大隊が行進するときにそれに加わる一つ一つの部隊を梯団と呼ぶ。

見付天神裸祭では四つの梯団に分かれ、西区（八町）、西中区（四町）、東中区（一一町）、東区（五町）の四地区を示す。「西の梯団」「東の梯団」などと呼ぶ。

各々の梯団には親町がある。西区が西坂町、西中区が馬場町、東中区が宿町、東区が東坂町である。江戸時代「拝殿踊り」（拝殿における鬼踊りのこと）は西坂、馬場、宿、権現の四町により行われていたという。その親町を中心としてそれに加わる周辺の小路の裸衆が四つの集団を形成していったのだろう。

小路は現在でも東海道に出るものが見付宿だけでも一〇以上数えられ、西之小路、玄妙小路、倉小路、地蔵小路など親町の周りにある。

梯団という言葉がいつ頃から使われ出したか不明であるが、軍事色が強まった時期であろうと想像する。

撤饌して神事を終える。

西区梯団の始まり　夜九時に西区から裸祭は始まるが、現在では、境松《さかいまつ》（中央町）のお迎えがその前に始まる。午後八時二〇分に加茂川通の会所前に、西区の幸町、一番町、水堀、西坂町、梅屋町、河原町、加茂川通の七町から、それぞれ警固一人、その他三人以上の、各町計四人以上が集まる。そして、境松の会所までお迎えに行く。境松の会所に一〇分ほどで着くが、接待を受けて、九時まで待機する。九時の煙火と同時に、境松を先頭に各町からのお迎えの多勢も加わり、境松の会所を出て只来《ただらい》坂《ざか》を下る。

西区の始まりは、西区の中で最も東に位置する幸町の裸衆が九時の煙火と同時に、玄妙小路から旧東海道に繰り出すことから始まる。幸町が旧東海道を出て西へ向かう。幸町の練りが西之小路の前を通ると、一番町が鈴を振りながらそれに後ろから加わる。そして、不用小路から水堀が加わり、次に西坂町が、梅屋小路から梅屋町が、そして河原町が加わり、六町の裸の集団が西光寺の山門を潜《くぐ》る。

只来坂を下りてきた境松の者たちと七町のお迎えに行った者たちが旧国道一号線を渡ると、加茂川通が腕を組んで横一列に前締《まえじ》めをしているのにぶつかり、一つの練りになる。そのまま、西光寺の前を北へいくと、この集団に後ろから先ほど山門に入っていった六町の裸の集団が加わり、西区梯団のすべての裸衆が結集することになる。

各町の練りは、その前を必ず万燈《まんとう》（山車《だし》）が先導することになっている。西区の梯団が一つの練り集団になって、前締めによって進む方向に締められて進むことになるが、その一団の前に万燈は縦一列に、境松（中央町）、加茂川通、河原町、梅屋町、西坂町、水堀、一番町、幸町の順に並んで前へ進む。万燈の横には各町の氏子総代が付き歩く。この順序は、西区の南西から北東に向かって旧東海道を挟んでの町の位置関係であり、鈴持ち祭組である一番町を除いて、この順番で堂入りすることになる。

ここから加茂川通が前締めを務め、姫街道と旧東海道が合流する交差点を東へ向う。旧東海道を東へ進むと、西坂会館入口で梅屋町と西坂町の前締めに交代する。そのまま東へ向い、参拝のため総社へ入る。裸衆は拝殿を右回りに一周して総社を出て行く。総社の出口には、水堀と幸町の前締めが待

豆知識

【万燈（山車）】見付天神裸祭において「だし」というと、各祭組の裸衆の先頭に立ち、練りを先導する「万燈」を指す。他地域や全国では通常、祭りにおける「だし」は「山車」と書き、飾り物や人形などで飾りたてた屋台を意味する。大阪の天神祭り（ダンジリ）や秩父の夜祭りの屋台は「だし」と呼ばれる。

見付天神裸祭の山車は七世市川団十郎の「遠く見ます」によれば、大きさ二間半（四・五メートル）もの大きさの「大どうろふ（燈籠）」であり、巨大燈籠に灯りを入れて若者が持ち回ったという。それが今の「万燈」になっていったものと思われる。「遠く見ます」が書かれた天保三年（一八三二）頃は、青森の「ねぶた」のように灯りが入った巨大燈籠が引き回されたのだろう。風流化（祭りの装飾が華美にそして巨大化することと）の極みであった。屋台とは神が依るものであり、山車とは神霊を招く「山」から来ていることを思うと、裸祭の「山車」は神が依る燈籠のあり方を現在に伝承するものと考えられる。

機しており、この前締めに締められながら、西区の梯団は旧東海道を東へ進んでいく。

総社を出て中央幹線交差点辺りで、西に向かう東中区梯団と擦《す》れ合う。愛宕下で前締めが河原町に切り替えられ、そのまま見付宿の東端である三本松の御旅所まで行き、折り返して愛宕坂を下り、見付天神へ上る。後押し坂を上り、赤鳥居のところへ来ると、境松の者が鳥居の脇道より抜けて練りの前へ出て、堂入りの準備をする。

西中区梯団の始まり　煙火が打ち上げられた九時からしばらくして、九時一五分に、西中区では裸祭の動きが始まる。親町の馬場町の伝令が、元倉町の会所がある小路である倉小路の出口で提灯を掲げ回すことで、元倉町の裸衆に出ることを促す合図を送る。この合図で、元倉町は万燈を先頭に会所を出て、倉小路から旧東海道に出て東に向かい、南小路の前で会所を出た馬場町と練りが一緒になる。しばらく練っていると、九時一五分に会所を出た天王町が南小路を南から北へ進み、この三町の練りに南小路の出口でぶつかり一体となる。

そのまま三町の練りは東へ進み、北井上の交差点で練りながら、二番町の来るのを待つ。二番町は会所を出て、山車を先頭に鈴を練りの中心にしながら北井上の通りを南に向かう。北井上の交差点で練っている四町の練りに一気に合流する。四町の山車は交差点で四町が練っている間に、西側に出て、馬場町、元倉町、天王町、二番町の順に並び、西へ進む。

西中区の練りは旧東海道を西へ向かい、姫街道との合流点で南へ進み、加茂川通（元喬車《げんきょうしゃ》）の会所へ向かう。このとき、梯団全体の練りが来る前に、西中区梯団長と四町の警固長が加茂川通の会所へ挨拶する。練りは加茂川通の会所前、西光寺入口で折り返す。旧東海道を東へ向かい、一〇時一〇分頃、不用小路前辺りで西へ向かう東中区の梯団と擦れ合う。そして総社へ寄るが、総社へ入ることを西中区では「総社への触れ込み」と呼ぶ。万燈が先に拝殿を右回りに一周した後、裸の練りも、拝殿前で練った後、拝殿を一周する。

旧東海道を東へ練りが進む中、静岡銀行見付支店の前から、練りの前締めをする。二番町から六人、

豆知識

【腰蓑】裸祭に出る男は、褌をした裸に晒《さらし》の褌を締め、腹巻をし、黒足袋に草鞋を履き、腰蓑を着けて、頭に各祭組の鉢巻きをする。

腰蓑はひときわ印象的な装束《しょうぞく》である。市川団十郎の「遠く見ます」でも裸祭に出る男たちは「腰に七五三を巻く」という表現がなされている。七五三とは注連《しめ》縄《なわ》のことである。裸の男たちは神に近い存在になるため腰に注連縄を巻いたのである。これは、ちょうど大相撲の横綱が白い御幣《ごへい》を付けたまわしを着けるのと同じである。

裸祭では腰に注連縄である腰蓑を巻き、拝殿で反閇《へんばい》を踏みながら鬼踊りをする。反閇は大相撲の四股《しこ》のことである。大相撲の四股やまわしが民衆の中では裸祭の鬼踊りという形で表現されている。

なお腰蓑は、江戸時代には漁師や田で鍬《くわ》をふるう農民が、腰から下が汚れたり濡れたりしないように腰に巻いた、藁や菅《すげ》を編んだものである。

馬場町、元倉町、天王町から各々二人、計一二人で前締めにあたる。練りは前締めに締められながら東進し、愛宕下で一度締めが解かれる。練りは愛宕の坂を上るが、この坂の途中で坂を下りてくる西区の梯団と擦れ合う。その後、三本松御旅所まで行って折り返す。富士見町の会所へは、加茂川通の会所と同様に梯団長と四町の警固長が挨拶に行く。

梯団の練りは愛宕の坂を下り、見付天神へ向かう。途中、後押し坂、大鳥居のところで再び前締めをし、六つ石まで時間を調整して進んでいく。

東中区の始まり　宿町、清水町、新通町、中川町、地脇町の五町内へ近年、元宮町、美登里町、緑ケ丘、北見町、今之浦四丁目、今之浦五丁目が加わって一一町の祭組を形成する大梯団が東中区梯団である。

北部四町と呼ばれる元宮町、美登里町、緑ヶ丘、北見町は、昭和四五年頃から昭和六〇年にかけて各祭組として参加するようになった。八時一五分、元宮町の会所で美登里町、緑ヶ丘、北見町の練りが、元宮町の練りに合流して北部四町の練りとなる。八時三〇分頃に地脇町のワタリツケを受けると、四町の練りは地脇会所に向けて出発をする。地蔵小路へ北から入り、地脇会所前で地脇町の練りへ合流する。練りはそのまま地蔵小路の出口付近まで進み、六町の練りへ合流する時を待つ。

新通町は昭和六年から龍宮社として祭りに加わっているが、清水会所で待機している清水町、今之浦四丁目の二町とともに清水小路から旧東海道へ出ることになっている。今之浦四丁目は平成一二年から大乃浦という祭組名で参加している。また、今之浦五丁目は平成五年から龍王社という祭組名で参加しており、九時に会所を出て九時二〇分には中川町会所へ到着し、合流に備える。

親町の宿町会所では九時の煙火を合図に裸衆が集まり、出発準備に入る。梯団長の指示のもと、警固と青年からなる斥候《せっこう》は西区梯団と西中区梯団の動きを確認するため中央幹線交差点辺りまで出向く。西区梯団が総社に入り、西中区梯団が西進を始めるタイミングを確認して梯団長に報告する。二梯団の動きを把握した梯団長は練りを出発させると、宿町の梯団形成のための各祭組集結に向かう。

清水小路出口で清水町、新通町、今之浦四丁目の練りに提灯の灯りで合図を送り、合流を指示する。合流を確認すると、四町の練りは東に向けて進む。中川橋上から、下流の中川町会所に向けて提灯を

東中区の前締め

高く掲げ、大きく回すと、中川町、今之浦五丁目は、合流先の天白小路《てんぱくしょうじ》へ向かう。宿町、清水町、新通町、今之浦四丁目の練りも旧東海道を東に向かう。地蔵小路出口から、地脇会所付近で待機している地脇町は、北部四町に向けて合流が近い事を提灯で合図をし、練りをそのまま天白小路へ進める。天白小路で中川町、今之浦五丁目の二町を迎え入れ六町の塊となった練りは、西に向きを変えて地蔵小路出口まで戻って来ると、提灯の合図で地脇町、元宮町、美登里町、緑ケ丘、北見町の五町を迎え入れる。ここで一一町内からなる東中区の大梯団が形成されて、いよいよ梯団として動き始める。

中川橋を通過する頃には大梯団を支える前締めの態勢が整って、練りは旧東海道を西へ向かう。九時五二分頃、中央幹線交差点付近で、東へ向かう西区梯団と擦れ合う。一〇時五分頃、西坂交差点付近で東へ向かう西中区梯団と擦れ合う。その後旧東海道を南に向かい、加茂川橋、西木戸で折り返して総社へ向かう。総社では万燈が拝殿を右回りに回ったのを確認すると、裸の集団が拝殿前で練りを行う。梯団長は頃合いを見計らって、練りを誘導し、練りは拝殿を右回りに回って、旧東海道へ出る。

東へ向かう途中、中川橋上では東中区大梯団の練りが暫く続くため、道中の見所の一つとなっている。愛宕下の東坂町会所の皆さんの歓迎を受けて愛宕の坂を上る。富士見町の会所前を通り、三本松御旅所で折り返し、坂を下ると目的の見付天神に向けて、参道に入る。後押し坂を上り、赤鳥居に達すると各祭組の堂入り役は練りの前に出て塊となり、堂入りに備える。拝殿前の石段に待機する梯団長の提灯の合図で堂入り役がまず拝殿へなだれ込む、続いて裸衆が続く。一一時三〇分、定刻通り東中区梯団の堂入りが行われると、拝殿内は裸衆で溢れかえり、大きな練りの塊となる。

東区の始まり　午後九時、権現町の練りが煙火と同時に会所を出ることから東区の裸祭は始まる。権現町は鈴持ち祭組であり、鈴を練りの中心にして練りを先導していく。権現小路を出て旧東海道を東へ向かい、大瀬屋前と呼ばれる「大廣前」の大提灯の前で練っていると、そこへ北から住吉町と元天神町の練りが合流してくる。三町の練りの集団は東へ向かい、愛宕下で東坂町と合流する。そのまま愛宕の坂を上り、三本松御旅所で折り返した後、富士見町の会所前で富士見町の練りが合流する。

これで東区五町の練りが出来上がる。梯団の先頭は万燈であり、一列に東坂町、富士見町、権現町、住吉町、元天神町の順に並ぶ。万燈の後ろに梯団長、総代、警固長が続き、その後ろに梯団の練りが続く。

愛宕の坂を下り、そのまま旧東海道を西へ向かう。一〇時五分にＪＡ遠州中央見付支店前で東進する西区の梯団と擦れ合い、一〇時二〇分に北井上交差点付近でやはり東進する西中区と擦れ合う。一〇時三〇分過ぎに姫街道（池田近道）との合流地点に到達する。ここからは東区では「流す」と呼んで、各々が小走りに西木戸、加茂川橋のところまで行って戻ってくる。姫街道合流地点で再び隊列を組み直し、東進する。一一時に総社へ練り込む。まず万燈が一列縦隊で総社の拝殿を右回りに回っ

万燈（山車）が先導する練り

た後、梯団の裸衆は、拝殿前で練り、拝殿を右回りに一周して旧東海道へ出る。

東区の富士見町は神輿渡御の際の〆切役を担い、権現町は、輿番（隔年）、触番の役割を担っている。東区の梯団が中川橋を渡った辺りで、これらの役の者は練りから抜け、準備に取り掛かる。梯団長、警固長の指示の下、一一時三〇分には六つ石に到着する。

（五）堂入り以後

堂入り　西区は一一時に堂入りする。堂入りの合図は、拝殿入口に居る梯団長が提灯で合図を送り、これを石段の上に位置する河原町の警固長が受け取り、六つ石のところにいる各町の警固長にやはり提灯で合図して指示を出すことになっている。西区梯団の練りが六つ石のところまで来たところで、前に位置していた中央町の者が手に提灯を持って疾走し、堂入りする。次に西区の梯団が前締めを解いて、梯団として堂入りする。そこからは、各町が一町ずつ手に提灯を持って堂入りする。加茂川通が堂入りし、その後、河原町、梅屋町、西坂町、水堀、幸町が、そして最後に一番町が鈴一つを持って堂入りして、西区の堂入りが完了する。
西中区は一一時二〇分に梯団全体で堂入りする。拝殿前の石段の下まで来た練りを前締めが押さえ込んで堂入りを待つ。石段の上には二番町の警固長と触れ込み役という鈴を持って堂入りする役が立つ。二番触の警固長の合図で前締めが切られ、触れ込み役が鈴を振りながら、西中区の梯団全体と一緒に堂入りする。

豆知識

【鬼踊り】見付天神の拝殿で腰蓑姿の裸衆が練り踊ることを「鬼踊り」と呼ぶ。

近世の文書である、享和三年（一八〇三）の『遠江古蹟圖繪』、文政六年（一八二三）の『事実證談』には明確に「鬼踊り」という言い方がなされている。

また近世、寛政四年（一七九二）の「見付宿庚申講掛銭帳」や文化一三年（一八一六）の「御尋申一札之事」などには「拝殿踊り」とある。見付天神の拝殿で裸衆が練ることを呼んだものと考えられる。「鬼」と呼んだのも、拝殿の練りの「鬼気迫る」荒々しい裸の男たちの熱気を昔から表現したものであろう。

拝殿の鬼踊りでは足袋、草鞋を履いた足で拝殿の床を力強く踏み込むこととされている。これが反閇《へんばい》（相撲の四股《しこ》と同じ）であると解釈されてきた。裸衆が力強く悪霊を踏み鎮《しず》めることを意味する。

東中区は一一時三〇分に、やはり梯団全体で一気に堂入りする。六つ石のところで各町が堂入り提灯を用意し、梯団の男たちを親町の宿町が前締めになって締め、堂入りを待つ。拝殿前の石段の上に位置する梯団長が提灯を大きく回して合図し宿町の警固長がその指示を受け前締めを切ると、東中区の裸衆は堂入り提灯を持って一斉に堂入りする。

東区は一一時四〇分の堂入りの時刻に合わせて見付天神に上がってくる。権現町の鈴は、六つ石のところで鈴見廻り役の者によって新しい鈴に換えられ、この鈴が梯団を先導して堂入りする。

鬼踊り　見付地区の祭組すべてが堂入りして、拝殿では鬼踊りが繰り広げられる。この鬼踊りは基本として右回りにうねりながら回っていくように伝えられている。鈴は、拝殿内で一つが振られることになっている。西区が堂入りした後、一番町の鈴が一つ振られる。西中区の堂入りに際して、二番町が鈴一つを持って堂入りするが、ここでしばらく一番町の鈴と二番町の鈴が同時に振られることになる。このことを「振り合わせ」と呼ぶ。しばらくの振り合わせの後、一番町の鈴が下ろされる。この後、東区の権現町の鈴が入るまで、二番町の鈴が一つとなる。権現町の鈴が入り、同様に「振り合わせ」があって二番町の鈴が下ろされ、権現町の鈴一つとなる。権現町の鈴は、富士見町の〆切が堂入りする前に下ろされる。鬼踊りは神輿が拝殿から出て行くまで続けられる。鬼踊りをした男たちは、神輿が総社へ渡御するのに付き従うことになっており、神輿が出て行くと鬼踊りを止めて男たちも拝殿から出て行く。

※裸祭では觸を用いるが、第三章では常用漢字を用いた。

西区の堂入り

境松の堂入り

輿番の堂入り

豆知識

【輿番】矢奈比売命を載せた神輿を担ぐのは権現町と御殿小路《ごてんしょうじ》（大見寺《だいけんじ》のある南北の小路）の男衆と決められていた。それが、江戸時代の安政二年（一八五五）に、二町の喧嘩《けんか》沙汰《ざた》から、二町が隔年で神輿を担ぐようになった。また『磐田市史』によると明治一八年（一八八五）に御殿小路では人手がなくなり地脇町に代わり、権現町と地脇町が交替で担ぐようになった。そして昭和三六年（一九六一）地脇町も一町だけやるには荷が重すぎ、東中区の梯団で担ぐことになり、現在のように、権現町と東中区の梯団の隔年ということになった。

輿番を地元では「お輿」と呼び、裸祭では重責であると考えられ、地元の人たちからは畏敬《いけい》の念をもって遇される。輿番の祓いの行事、肩合わせという配列の打合せ、そして本番の神輿渡御の大役、緊張する場面の連続である。

輿番　輿番とは裸祭の大祭において見付天神から神輿が淡海国玉神社へ渡御し、また還御する際に、神輿を担ぐ役割を呼ぶ。現在は、権現町と東中区が隔年でこれに当たっている。平成二〇年の大祭の輿番は権現町であり、同二一年のそれは東中区であった。輿番の正装は、褌、上下の白丁、烏帽子、白足袋、草鞋である。渡御においては担ぎ手、輿警固合わせて五〇人ほどになり、輿長がその束ね役を担う。梯団の練りから抜けた輿番は、夜一一時輿番の会所に集合し、揃って見付天神へ向かう。東中区内の輿番は東区梯団より先に拝殿に入る。練りの中心を通り、丸太の横木を乗り越えて拝殿奥へ入る。そして、神輿渡御に備える。

元門車〆切　「〆切」は、神輿に付き従う裸衆が神輿に殺到してしまわぬよう裸衆を踏み留まらせる役割である。〆は注連縄のことで、〆切とは、神域と現世を隔てる結界の意味をもつ注連縄を切ることである。

富士見町（元門車《げんもんしゃ》）の〆切とは、神輿渡御の際に、大鳥居のところで裸衆が神輿に近づき不敬にならないように裸衆を締める役割のことである。富士見町の裸衆は、東区の道中練りの途中で抜けて会所に戻り、〆切の仕度をする。襷《たすき》掛けをし、手拭いを頬かぶりして、手に榊を持つ。〆切を担う男は五〇人ほどにもなる。午前零時の堂入りを目指して「〆切」の提灯を持つ〆切役を先頭に、会所を出発する。大鳥居下へは、先供の伝令が来て挨拶を交わすと、一緒に後押し坂を上がる。伝令は六つ石のところから先に駆け足で拝殿に向かい、幣殿に控えている宮司、神職たちに、〆切の到着を告げる。この報告によって、神事、渡御奉告祭が始まる。

〆切の者たちは、手に持った榊を振りつつ、道中小走りで参道を上り堂入りするが、すぐに拝殿から出て、後押し坂を下り、大鳥居のところで待機する。

渡御奉告祭　〆切の堂入り後、零時を回ったところで幣殿奥において渡御奉告祭が行われる。はじめに神職が神輿に供えられている神饌を撤去する。宮司、神職、先供、輿番一同が整列する。拝殿では丸太の横木を距《へだ》てて鬼踊りが続いている。

次に神職は十二支の石を神輿の周囲に、十二支の方角へそれぞれ置いていく。この石は浜垢離の浜の神事の際に拾ってきた石であり、この石を半紙に包んで、表に十二支の一文字を書いたものである。

豆知識

【番外】東中区の梯団を「番外」と呼ぶ。今ではあまり聞きなれない言い方になってしまっているが、見付で番外といえば、年配の方々は東中区を即座にイメージする。

宿町、新通町、清水町、中川町、地脇町の五町が組織したが、戦後、緑ヶ丘、北見町、美登里町、今之浦五丁目、今之浦四丁目、元宮町の六町が加わった。

触（觸）番というものがある。一番触は西区を指し、鈴を持つ触番町は一番町である。二番触は西中区を指し、鈴を持つ触番町は二番町である。三番触は東区を指し、鈴を持つ触番町は権現町である。

しかし東中区の梯団には鈴持ち町がない。だから「番外」と呼ぶ。どうしてないのかは不明である。江戸時代においても東中区の特に宿町は大きく、見付宿の中心にあった地区である。

なぜ東中区は鈴持ち町がなく「番外」と呼ばれてきたのか、この謎が解明される日は来るのであろうか。

献饌として八ツ足机一台に米、酒が献ぜられ、特殊神饌《しんせん》である稲穂籠《いなほかご》（一一七頁参照）が献ぜられる。稲穂籠は、神職が籠りの最中に用意するもので、竹籠に大豆、小豆、粟《あわ》の穂を盛り合わせたものである。現在では大豆、小豆は神社で用意するが、粟の穂は氏子から献上されるものを使う。

宮司が「神輿御発途祝詞」を奏上する。この祝詞の中には、「町々家々ノ燈火打消シ比曽麻里ニ比曽麻里テ大神輿ヲ暫時ノ間ニ頓宮ト定奉レル淡海国玉神社ノ拝殿ニ遷御奉リ」とあり、見付の家々の燈火を消して、「ひそまりて」神輿を淡海国玉神社に遷すと記している。玉串奉奠がなされ、宮司が

見付天神拝殿の中での鬼踊り

渡御報告祭で八鈴が振られる

渡御報告祭で供える神饌

拝礼した後、八鈴ノ儀が行われる。拝殿の天井に八鈴が吊るされており、これに綱が付けられていて、宮司がこの綱を七回、五回、三回と引いて鈴を振る。撤饌して、奉告祭を終える。

山神社祭　八鈴が振られたのを合図に二本の松明《たいまつ》が拝殿外で用意され、西木戸（拝殿西側の入口）で宮司、神官、道具を持った先供を迎える。この松明は、住吉町によって用意され、住吉町の者が、宮司たちを山神社《やまじんじゃ》に先導する。山神社は、拝殿を出て、石段を下り、六つ石の東側に位置している。山神社には、すでに注連縄が張られていて、三方三台（米、酒、餅、魚、野菜、磯物）の神饌が用意され、庭燎が焚かれている。宮司、神職、先供が山神社の前に整列する。宮司が三本の祓い串で山神社に向かって祓い、渡す。それを持って山神社正面を祓った後に火にくべる。その祓い串を禰宜に渡す。禰宜はそれを庭燎の中に押し込んで燃やす。

触流し《ふれながし》　宮司は松明の灯りで「山神社祝詞」を奏上する。「御名ハ白シテ恐ミ恐ミモ白サク」（一番触）と読み上げたところで先供世話方が「一番触《いちばんぶれ》」と大きな声をあげ、まず提灯を振って煙火打ち上げ役に合図を出して、触榊《ふれさかき》を一番触の触番《ふればん》に手渡す。触番は、堂入りしたときの鈴を持つ鈴番と一緒に天神社を下っていく。この触番と鈴番にはヤジと呼ばれる、その町内の青年が一〇人ほど付き従う。触番は榊を高く掲げ、鈴を振りながら駆け足で後押し坂を下り、旧東海道を西へ走る。

宮司の祝詞の中で「庭燎漸次ニ尽ナムト為シ時」（二番触）と読み上げたところで世話方が「二番触」と大きな声で告げ、提灯をやはり振って煙火打ち上げの合図を送り、二番触の触番に榊を手渡すと、触番は鈴番とヤジたちと駆け出す。このとき、煙火が打ち上げられ、消灯される。この消灯が徹

山神社祭

迎えを受ける輿番

山神社前の松明

底していて、神輿が渡御する見付天神から総社、淡海国玉神社までの間は周辺も含めて完全に消灯される。宮司の祝詞奏上が済むと、榊が三番触の触番に手渡される。三番触の触番には鈴役と祓い役が付き従う。触流し祓いは一〇人ほどで行い、手に小さい榊を持って、後ろから来る神輿の道を開けるため、道中の人々に両側へ避けてもらう役割を担う。道中を祓いながら総社に向かう。

一番触の触榊は、見付天神の丘陵を下り、旧東海道を走って西へ向かう。このとき一番触では、権現小路出口、中川橋、総社参道入口で引き継いでいく。そして、一番の触榊が後押し坂を下りた辺りで煙火が上げられ消灯される。道中、触番は「一番触」を大きな声で連呼する。総社参道入口まで来ると、鈴番はそこを右折して、そのまま総社へ触込む。鈴はここでもう一つ用意されて、それを振り

一番触へ榊を渡す

二番触へ榊を渡す

触流し

進む者が触榊と一緒に、旧東海道を西へ向かう。総社に入った鈴番は拝殿まで鈴を振り込む。一方西へ向かった触榊と鈴番は、姫街道との合流地点まで行き、ここで触榊は河原入口の門榊の前にある榊台の上に納められる。二番触の触榊も一番に遅れること数分で同様に触流す。二番の引継ぎは大鳥居跡、東坂梅ノ木前、中川橋、総社参道入口で行われる。

三番触の触榊と鈴役は、山神社から同じ者が通して行う。総社参道入口で鈴番と祓い役は右折して総社に入り、拝殿まで触れ込み、触榊は姫街道合流点まで西へ行き、河原町入口の榊台に榊を納める。

神輿渡御　輿役の者は烏帽子を被り、白丁の上下を着、白足袋に草鞋を身に付ける。輿役の配置は輿番が権現町のときと東中区のときでは若干の違いがある。二者の大きな違いは権現町では前の警固と

豆知識

【総社】淡海国玉神社（見付では「中のお宮」とも呼ぶ）が遠江国の総社であった。

総社とは、古代律令制国家において、国衙《こくが》のそばに神を一カ所に勧請して、合祀した神社のことである。淡海国玉神社は総社であり、磐田郡十四座の式内社の一つでもある。祭神は大国主命《おおくにぬしのみこと》である。

因幡《いなば》の白兎《しろうさぎ》の来歴から現在の社殿の両脇にうさぎの狛犬《こまいぬ》が並ぶ。

総社の西隣には大久保忠尚、大久保春野が暮らした淡海国玉神社の神主家、大久保邸がある。明治維新のとき、遠州報国隊の中心人物として活躍した忠尚はこの社の宮司であり、家塾を開いて和漢の書を教え、磐田文庫を創設した。総社の南西隣は明治八年に築造された見付学校（国指定史跡）がある。

御神輿を先導する

後ろの警固が輿に伴って配備され、神輿に従って動くのに対し、東中区の輿役は、神輿に警固を付け従わせるのではなく、先に拝殿下で宿町の警固が配置され、警固の役割をするという点である。

権現町の輿役の配置は、まず神輿の一番前に前の警固が五名付く。その後ろに輿長が来て、全体を指揮する。稟《りん》木《もく》（神輿の二本の担ぎ棒）の先端に付けた引き綱二本に各々五名ずつ付く。そして神輿の担ぎ手は八人である。前後の稟木に二名ずつ左右に付く。前より金具、手脇、真と呼び、後ろの稟木は、前より真、手脇、金具と呼ぶ。前後の手脇は稟木に片手を添え、神輿が傾かないようバランスをとる。神輿の左右両側には輿脇が一名ずつ付き、後ろの稟木の後ろには押切が一名ずつ付く。神輿の左右には横の警固が左右五名ずつ付き、押切のさらに後ろに二列になって後ろの警固一〇名が配置する。合計五二名の男たちが輿役を務める。

東中区の輿役の配置は、輿長と輿長補佐が先頭に並ぶ。綱引きは左右に四人ずつである。稟木の持ち方は、外側に二人の環《わ》が付き、内側に芯が一人付くようになっている。前稟木左右に三人ずつ、後ろ稾木に左右にやはり三人ずつ、都合、神輿を担ぐ者は一二人になる。輿脇には左右四人ずつ並ぶ。合計三〇人が輿役として配置される。なお、東中区が輿番のときは、神輿の屋根に付いている鳳凰《ほうおう》と燕《つばめ》を取り外し、それを持ち役が持って神職、先供と一緒に山神社へ行く。また、東中区の神輿の担ぎ手は襷《たすき》を稾木に付けて抱えることをする。

山神社の神事が行われている間、輿役は幣殿奥に集まり、引き綱を神輿につけ、輿に肩を入れる者は用意された塩を咥《くわ》え、消灯を待つ。このとき輿役たちは、しばらく目を閉じる。これは急に暗闇になったときのために眼を慣らす必要からだという。二番触の触榊の出発と同時に打ち上げられる煙火で一斉に消灯となる。堂内の裸の練りは誰が始めるともなく、リズムを合わせた地団駄《じだんだ》を踏み、神輿渡御への高揚感を高める。声は聴こえないので三つ数えたら前に進む。輿長が「お立ち」と大きな声で号令を掛けると、輿役たちは神輿を抱え持ち上げる（この抱え持つ持ち方を「お抱え」と呼ぶ）。堂内で練る鬼踊りの大きな人の群れの中央を二つに割って神輿は拝殿から出て行く。

神輿の屋根中央に付く鳳凰

神輿の屋根の四隅に付く燕

神輿は拝殿を出て、拝殿前の石段のところで宮司の出迎えを受ける。そのまま神輿は二本の

神饌の粟と粟餅

裸祭になると見付にある和菓子屋は粟餅を店頭に並べる。昭和四〇年代に比べて和菓子屋の数は減ったが、粟の餅をこしあんで包む粟餅が必ず出ることに変わりはない。今では一年中手に入れることができる店もある。

外見上はお彼岸の「ボタモチ」と見分けがつかない。旧暦の八月一〇日は新暦の秋のお彼岸に近い年もあり、お彼岸のボタモチから粟餅が作られるようになったという話も頷《うなず》ける。数少ない江戸時代の文献には記載がない。明治の文献も見付の生姜《しょうが》が売られたというものがあるものの見当たらない。いつ頃から和菓子屋で売られるようになったのか不明である。粟餅は家庭で作られたとは聞かない。

粟餅

粟といえば、裸祭の特殊神饌である稲穂籠の中に粟が見える。矢奈比売神社では大祭にあたり稲穂籠を数日前に用意する。竹籠の底に藺《い》草《ぐさ》を敷き、四隅に幣を付けた榊を立て、木綿を垂れ、そこに大豆、小豆、粟の三つをカワラケにのせて供える。この稲穂籠は大祭一日目の拝殿で神輿渡御が始まる前に行われる渡御奉告祭の際に矢奈比売命が御移りになった神輿に供えられる。「稲穂籠」と言いながら稲穂をこ

稲穂籠

稲穂籠の中に供えられた粟と大豆と小豆

の竹籠に入れないのは「裸祭はまだ稲の収穫が全て終わった時期ではないので、収穫されたものをお供えしたのではないか」という伝承がある。特殊神饌は平成に入ってからも岩井の農家から毎年献上用に栽培され、裸祭のときに献納されていた。

各家々では裸祭というと芋の煮っころがし（里芋を醤油で煮たもの）を作る家が多かった。昭和五〇年代までは、浜垢離のとき松原での浜遊びの御馳走は芋の煮っころがしであったし、裸祭の一日目、二日目と会所へ行けば、卓の上に里芋やコンニャクの煮たものが並んでいた。

裸祭に出る前に町内回りで若い衆が回るともてなしてくれる家ではやはり芋の煮っころがしを出してくれた。そして家に帰れば、客人が芋の煮っころがしでもてなされていた。どこへ行っても食べる

祭りの人寄せ料理にも
芋の煮っころがしが
入る

ものは芋の煮っころがしであった。

芋の煮っころがしといいながら、コンニャク、竹輪が一緒に煮られていて、これらを串に刺して、食卓に並べられていた。

近年、浜垢離の浜遊びのときもオードブルは出るが煮っころがしはほとんど見当たらない。今では意識的に食べようとしない限り裸祭の最中に煮っころがしを食べないで終わるのではないだろうか。

芋の煮っころがしは、浜垢離に屋形船で行っていた頃（昭和二九年よりバスに切り替えられた）までは御馳走であった。

浜垢離の日の午後、今ノ浦川をお囃子を奏しながら屋形船が見付へ上っていくのが大原の人たちには見えた。大原は今ノ浦川を見付から真っすぐ南へ数キロのところにある田園地帯である。大原の人たちは屋形船に乗った見付の者に向かって「アワクリ（あわてもの）アワモチヤイ」とからかうと、舟から「ガニ穴やい」とからかわれた。そして里芋の煮っころがしを差し出すとうれしそうに大原の人たちはそれを受け取り、稲の束を渡した。この稲束は裸祭の腰蓑、草鞋になった。微笑ましい見付の人と大原の人たちとの交流の場面である。


（中山正典）

松明に先導されて進み、六つ石のところで待っていた御道具を持つ先供と合流する。ここで、神輿渡御の行列が整えられる。先頭は「御先供係」の提灯を持った先供世話方である。次に鉾を持った先供が二人横に並び、鉾の刃を十字に交わらせて進む。その後ろに大榊と猿田彦の面を手にした大榊役が付く。

それからは二列縦隊で、黒長幣四、御幣一〇、杖二、弓二、矢二、小弓二、太刀二、金幣二と並び、その後ろに宮司、神職が来て、神輿となる。神輿は、輿番が権現町か東中区であるかにより、若干の構成が違う。二本の松明がこの神輿渡御を先導していく。山神社から出た三番の触榊がちょうど神輿渡御の少し前で「さんばんぶれ」と連呼しながら、神輿が来ることを告げて道を祓っていく。後押し坂下の大鳥居のところで、二本の松明は消され、宮司はここで神輿を見送る。

豆知識

【渡御《とぎょ》】「お渡り」とも呼ぶ。全国的には「神輿の渡御」という言い方が用いられる。神の御霊代《みたましろ》を神輿に移して御旅所《おたびしょ》などを巡り、神を饗応《きょうおう》、祀ること。

全国の祭りでよく見られるのは、祭礼の日に神を神輿に乗せて、神社から神社外の場所に巡らせて、神をもてなし、また神社に戻って来ることである。

矢奈比売命は神輿に乗って、大祭二日目の零時過ぎに浄闇の中、多くの裸衆に供奉されて見付天神から遠江国の総社、淡海国玉神社へまずお渡りし、日中から二日目夜にかけ見付宿全域を巡り、見付天神に戻って来る。

矢奈比売命を祀り、もてなす、大切な行事である。

旧東海道を渡る神輿　神輿は見付天神の山を下り、旧東海道に出たところで一度立ち止まり、それまで抱え込んでいた稟木を、輿長の「お肩」の掛け声と同時に、肩に載せる。旧大鳥居のところで先供世話方の提灯の灯りも消され、これで渡御の行列の一切の灯りがなくなる。輿長が「参ろう」と声を掛けると、神輿の行列は走り出す。旧東海道を西に走るとき、「オッシ　オッシ」という低い掛け声が、輿長、輿役から出される。

このとき「お肩」に担ぎ上げるのに、輿番が権現町と東中区のときで若干の違いがある。権現は、見付天神を下り、鳥居跡から「大廣前」の大提灯に出たところで立ち止まって、一気に肩に担ぎ上げ、「参ろう」の合図ですぐに走り出す。

一方、東中区が輿番を務めるときは、神輿が旧東海道に出て西に向いたところで一度立ち止まり、神輿芯の担当は襷をはずし、担ぎ棒に巻いてお肩の準備をする。綱要員はロープを左右に分け、各四

〆切

総社へ到着した〆切

待機中の〆切

人が配置につく。この間、数分の時間を要し、肩に担ぎ上げて「参ろう」で走り出す。

神輿の行列は旧東海道を西に走り、総社参道入口で、灯りが入った「舞車《まいぐるま》」の提灯に出迎えを受け、北へ折れて参道を行き、石段の手前で立ち止まり、抱え込みにして石段を上り、総社の神門を潜り、拝殿に到達する。総社の拝殿では太鼓が連打され、神輿の到着を告げる。神輿は拝殿の西側に据え置かれ、御道具もその脇に置かれる。神輿が総社拝殿に据えられると、煙火が打ち上げられ、見付地区の電灯が点けられる。輿番たちは、神輿が総社拝殿に着座すると直ぐに総社を退出することになっている。

御神酒献上・着御祭　神輿が渡御し、総社参道入口で「舞車」の提灯と馬場町の者が出迎え、馬場町の者はそのまま神輿の行列に入り、総社の拝殿に上がる。拝殿で神輿が着座すると、そこで馬場町による御神酒献上が行われる。現在では、総社の神職が、この御神酒献上と連続して行われる着御祭を取り仕切る。

神輿警固　宿町（御瀧車《おんたきしゃ》）は東中区が輿番を務めるときに、神輿が拝殿を出た直後、拝殿下に横の隊列を組んで、消灯後に裸衆が一気に神輿に向かって進まないように、榊を手に持って立ち塞《ふさ》がる。締め（宿町では「〆」ではなく「締め」を使う）は裸衆に向かったまま神輿との間隔をとりながら石段を下り、六つ石の辺りまで続ける。ここで神輿が前に進んだことを確認して締めを解く。同様のことを赤鳥居のところでも行う。また、旧東海道の道中でも裸の群集が神輿に近づいてしまったときには適宜《てきぎ》、締めを行う。

豆知識

【比佐麻里祭《ひさまりまつり》】見付天神の大鳥居の下、後押し坂の南西にある旧住吉会館の前に二本の大幟《のぼり》が立てられる。その幟には「比佐麻里祭」とある。裸祭は「ひそまる（潜まる＝ひっそりとなる、ひっそり籠る）祭り」という意味であろうか。『事実證談』―文政六年（一八二三）中村乗高著―には「家々門戸を閉、火を滅し物音を禁じ、家族のこらずつゝしみうずくまり居るに、闇夜に神輿を舁行事鳥の翔かごとし。此故に比左麻里の祭とも犬追祭ともいへり。」とある。神に仕えるため、暗闇の中、人びとは忌《い》み籠《こも》り、潜まることをした。柳田国男は『籠る』といふことが祭の本体だった」と言った。「こもる」「ひそまる」という言葉はあまり用いられず、その意味も実感できなくなった今、裸祭ではこの大幟が言い表すように、暗闇の中、潜まることの大切さを実感できるのでは。

元門車の〆切　富士見町の〆切は、大鳥居前、住吉町の「比佐麻里祭《ひさまりさい》」の幟《のぼり》の下で行われる。堂入りした拝殿をすぐに出て、大鳥居前で待機する。この間に腰蓑を外し、神輿が通るのを待つ。〆切の提灯は赤字の「〆切」と書かれたもの一つである。神輿が通り過ぎると、この〆切提灯の灯を消す。それを合図に元門車の男たちは後押し坂を下ってくる裸衆の前に立ち塞がり、地面を榊で叩いて、裸衆を前に進めないようにする。旧東海道に出たところで、神輿がお抱えから「お肩」に担ぎ上げる際に立ち止まるため、そこに後ろから裸衆が殺到しないよう、大鳥居の前で裸衆を留める必要がある。この必要性から〆切という役割があると伝える。なお、〆切が持つ榊を古老は「ハタキ」と呼ぶ。地面を榊で叩きはたいて、裸衆を神輿に近づけないようにする神聖な道具である。

神輿が「お肩」に担ぎ上げられ、走り出し、先に進んだ頃を見計らって〆が解かれ、裸衆は神輿の後を追うように総社に向かって進んでいく。なお、拝殿で鬼踊りをしていた裸衆は、神輿渡御に付き従うことになっており、拝殿内でいつまでも練っていてはいけない旨の注意が事前になされる。

神輿渡御と灯火　山神社祭の際に二番の触番が触榊を持って走り出すときに煙火が上がり、これをもって消灯される。そして、神輿が見付天神を出て淡海国玉神社へ渡御し、拝殿に安置されて、そこで煙火が上がり、点灯となる。この間一五分間程度であるが、見付天神から総社までの間、およびその周辺は、完全消灯となる。この暗闇の中、神輿が渡御することになるのだが、許されている灯火は以下の五点のみである。

総社にて御神酒献上

総社にて腰蓑納め

一、神輿を先導する松明二本。これは現在では住吉町で用意され、奉仕される。拝殿外でこの二本の松明が神輿を先導し、山神社の前を通り、大鳥居のところで先導の役割を終え、消される。

二、先供世話方の持つ「御先

総社にて御神輿還御奉告祭

供係」の提灯の灯火。世話方の一人が持つ一つの提灯である。この灯火も山神社の祭から先供と神輿を先導して行くが、大鳥居のところで消される。

三、〆切の提灯。元門車の〆切役が持つ提灯で、赤い字で「〆切」と大きく書かれた提灯である。神輿渡御の時〆切の中で唯一灯が点けられている提灯で、神輿が大鳥居のところにいる〆切の前を通り過ぎたとき、この提灯の灯が消され、それを合図に〆切が行われる。

四、淡海国玉神社へ神輿が渡御する際、神社の神門と石段の間の西側に設けられる篝火。この灯りは神輿渡御の間ずっと燃やされている。

五、馬場町（舞車）の神輿お迎えの提灯。総社参道入口のところで、舞車の提灯一つに灯りを点して、神輿をお迎えする。舞車は神輿が総社拝殿に着座すると御神酒献上をする。

腰蓑納め　鬼踊りをしていた裸衆の全ては神輿に付

鳳輦車に載る御神輿

き従って総社まで来る。神輿が総社に到着し、煙火が上がったところで、裸の男たちの役割は終えたことになり、腰蓑を外す。現在では総社拝殿の南西に設けられている腰蓑納め所に腰蓑を納め、裸衆は各会所に帰る。総社参道入口辺りに提灯を用意し、そこに一度その町の裸衆が集まり、練りながら帰還する町もある。

大祭二日目

(一)　神輿還御開始前

中学生による清掃　見付地区の中学生が通う城山中学が、生徒会活動として、毎年、裸祭の翌早朝に一斉清掃を行っている。道いっぱいに広がった腰蓑から抜けた藁や切れた草鞋などのゴミを拾い集め、見付天神の境内、参道、旧東海道を清掃する。

浦安ノ舞奉納　総社の拝殿で、午前一〇時より浦安ノ舞が奉納される。

還御、霊振り

御旅所祭、神饌献上

淡海国玉神社本殿祭　午後二時に総社で淡海国玉神社本殿祭が行われる。宮司、神職、先供代表、氏子崇敬者会役員が参列する。修祓、宮司一拝、献饌、祝詞奏上、浦安ノ舞、玉串奉奠、撤饌、宮司拝礼で終わる。

御神輿前祭　本殿祭に引き続き、神輿が安置されている拝殿で、神輿前の神事が行われる。宮司、神職が行う。宮司拝礼、献饌、宮司が「御神輿前祝詞」を奏上、玉串奉奠、宮司拝礼で終わる。

御神輿還御奉告祭　午後四時三〇分、神輿還御の出発予報として煙火一発が打ち上げられる。そして

還御の行列

還御の行列出迎え

還御、三本松へ上がる

四時四〇分から御神輿還御奉告祭が行われる。宮司、神職、輿番、先供、氏子総代が参列。献饌、宮司が「神輿御発途奉告詞」を奏上、玉串奉奠、撤饌をする。奉告祭を終え、先供は各々の御道具を持って出御の準備をする。

（二）神輿還御と霊振

淡海国玉神社出御　御神輿還御奉告祭が終わったところで、輿番がお抱え込みで神輿を抱え上げ、拝殿を出て、石段を下り、用意してある鳳輦車《ほうれんしゃ》に載せる。隊列は、石段を下がったところ、総社参道で整えられる。先頭は先供世話方、次に根元車の者が持つ根元車高張提灯二本、猿田彦、大太鼓と並ぶ。猿田彦、大太鼓は輿番の分担である。ここから、大榊一、黒長幣四、御幣一〇、御杖二、大弓二、大矢、小弓、太刀、金幣《きんぺい》と、先供が持つ御道具が並ぶ。このうち金幣と鉾は、理由は伝承されていないが、輿番の者の子どもが持つことになっている。稚児が引き綱を持ち引き、輿番は神輿の周辺に並ぶ。神輿の後に氏子崇敬者会の役員、氏子総代、各町の者がそれぞれ付き従う。午後五時に煙火の合図で、先供世話方の「おたち」の声が上がり、神輿は総社を出発する。

御神輿還御　神輿渡御の行列は総社参道を出て、旧東海道を西に向かう。行列はゆっくり歩く速度で進む。途中、南小路など各祭組が練りを出す辻々に来るたびに猿田彦は立ち止まり、虚空を仰ぎ「ウォーッ」と大声をあげ、大太鼓が二度打たれる。これは各々の小路、その祭組を祓い清める所作であるという。

神輿渡御の途中に西坂町（根元軍）と河原町（龍陣）と東坂町（眞車）が御神酒献上を行う。神輿が西へ西坂の梅の木の前まで来ると行列は止まる。神輿を載せた鳳輦車を固定し、神輿に西坂町から献上された御神酒を供える。神職の祭主が安全祈願の祝詞を奏上し、玉串奉奠を行う。

行列は再び西へ向かい、姫街道との合流地点に来ると、河原町の御神酒と神饌の献上がある。ここで御神酒と神饌が供され、神職が安全祈願の祝詞を奏上する。

ここから旧東海道を南に向かい、旧国道一号線（現在は県道）を渡り、只来坂を上る。只来坂では、旧東海道が東側に迂回しているコースをとる。NTT南側に境松御旅所（天王御旅所）が設営されていて、ここに辿《たど》り着く頃には夕方の六時になっている。御旅所は、四方に忌竹を立て、注連縄を巡らした斎場である。境松御旅所祭は、献饌に続き、神職により「御旅所祝詞」が奏上される。玉串奉奠、撤饌と続き、御旅所祭を終えてしばしの休憩の後、先供世話方の「おたち」の声で、行列は旧東海道を北へ戻る。

行列が旧国道一号を渡るのは午後六時三〇分頃、黄昏時《たそがれどき》になっている。西木戸辺りから、見付地区の人々が、各祭組の提灯をを持ち出して、法被姿で神輿を迎える。この辺りの帰還の行列は各祭組のお迎えの者で長蛇の列となる。

還御の行列は総社参道入口を通り過ぎ、旧東海道を東へ向かう。見付天神下を通り過ぎ、愛宕下の東坂町会所前で東坂町の御神酒献上を受ける。御神酒献上祭を終えて愛宕の急な坂を一気に上がり、三本松御旅所へ辿り着く。境松と同様に忌竹と注連縄により斎場が用意されており、三本松御旅所祭が行われる。しばしの休憩後、七時も過ぎ、三本松御旅所を西に向かって発つ。

神輿霊振《たまふり》　愛宕坂を下り、そのまま見付天神の後押し坂を上っていく。赤鳥居の前、悉平太郎《しっぺいたろう》の銅像の前で鳳輦車から神輿を下ろし、輿番たちによって担がれる。神輿は赤鳥居をくぐり、ここからは輿番の掛け声が「チンヤサ　モンヤサ」になる。参道を進んだ神輿は、六つ石のところから輿番の掛け声が「オッシ　オッシ」に変わり、拝殿へ向かって走り出す。拝殿前まで来た神輿は、輿番たちが肩からお抱えに変え、霊振、胴上げの態勢を整える。

この頃になると境内は、各祭組の法被を着た者が手に灯の入った提灯を持ち、提灯と法被で溢れんばかりの状態になる。

神輿が拝殿前に来た時、煙火が一発打ち上げられる。神輿は拝殿前で輿番によって大きく振り上げられ、それが何度も繰り返される。神輿が高く振り上げられるのに合わせて、参加者の提灯も高く振り上げられる。数十回この霊振が繰り返され、神輿は拝殿を右回りに一周する。再び拝殿前で霊振が繰り返された後、拝殿に上がる。神輿は、拝殿の奥、幣殿の奥、祝詞殿まで運ばれ、そこに安座する。

輿番は、これで役割を終え、二列縦隊に整列して駆け足で拝殿を後にする。各町から提灯を持って参加した人々は、祭典終了後の御神酒、御饌米をいただいて帰る。

御神霊移し　輿番が退出したところで、神輿が入った祝詞殿と拝殿との境に二本の鉾を立てて、それを利用して紫幕を引き、神輿が隠れるようにする。外から見えない祝詞殿では御神霊移しが行われる。秘儀とされる。

還御後本殿祭　御神霊移しが終わり、拝殿内に神職、先供、氏子崇敬者会役員が着座し、還御後本殿祭が始まる。宮司拝礼の後、高案七台に載せた神饌（米、酒、魚、海菜、野菜、果物、菓子、塩水）を献じる。宮司が「還御後本殿祝詞」を奏上する。参列者による玉串奉奠がなされ、撤饌。宮司が拝礼して、本殿祭を終える。

第四章　浄闇の中の渡御を見る

真っ暗闇の御渡り

山神社の祭礼が始まるのが大祭二日目になった午前零時一〇分である。祝詞《のりと》奏上の後、宮司が「二番触れ」と読み上げると、榊が神官から二番触（二番町）の者に渡される。このとき煙火《はなび》が響き渡り、燈火、灯りがすべて消え、境内、そして見付宿の旧東海道が真っ暗闇となる。拝殿では神輿《みこし》渡御《とぎょ》を控え、裸衆が闇の中、騒然となり、反閇《へんばい》、拝殿を足で踏み鳴らす轟《とどろ》きが聞こえる。

この時から、矢奈比売命《やなひめのみこと》を乗せた神輿が総社《そうじゃ》に到着するまでの二〇分ほどの間、見付宿はひそまり、闇の中で忌《い》み籠《こも》り、神輿の渡御を終える。今でも一切の灯りが消えるため、神輿の渡御は視覚的には、神輿とそれを担《かつ》ぐ輿番《こしばん》の群れが影のように見えるだけである。今までもちろん照明器具を用いた写真撮影は一切禁じられてきた。この神輿渡御の様子は写真映像としては見られないはずのものである。

しかし、平成二六年に文化庁の「文化遺産を活かした地域活性化事業」において映像記録を作成すべく赤外線カメラによる動画撮影を行った。その際の赤外線カメラの映像をここに静止画像で採録した。通常では見ることも、映像記録もできないカットである。（株）クラフトの協力により、ここに一二枚の静止画像を解説とともに掲載する。

なお、一枚目は、灯り一つない浄闇の中で行われる御斯葉《みしば》下《お》ろしの神事である。

御斯葉下ろしの浄闇の中での神事

輿番、裸の練りを割って幣殿に入る

幣殿内の神輿

〈出御〉鳳凰と燕を外し神輿の前へ

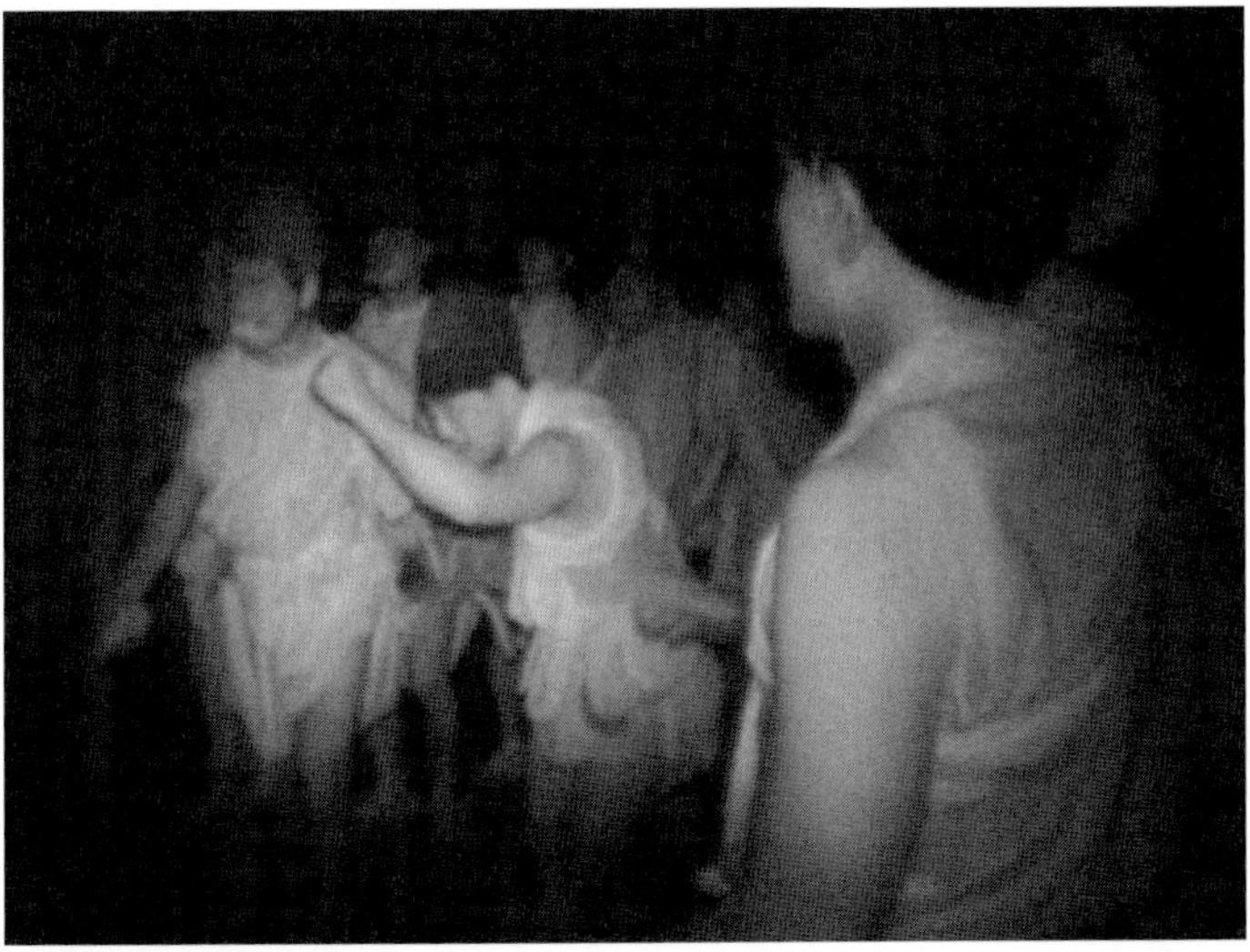

〈出御〉幣殿から拝殿へ

〈出御〉拝殿前の輿警固

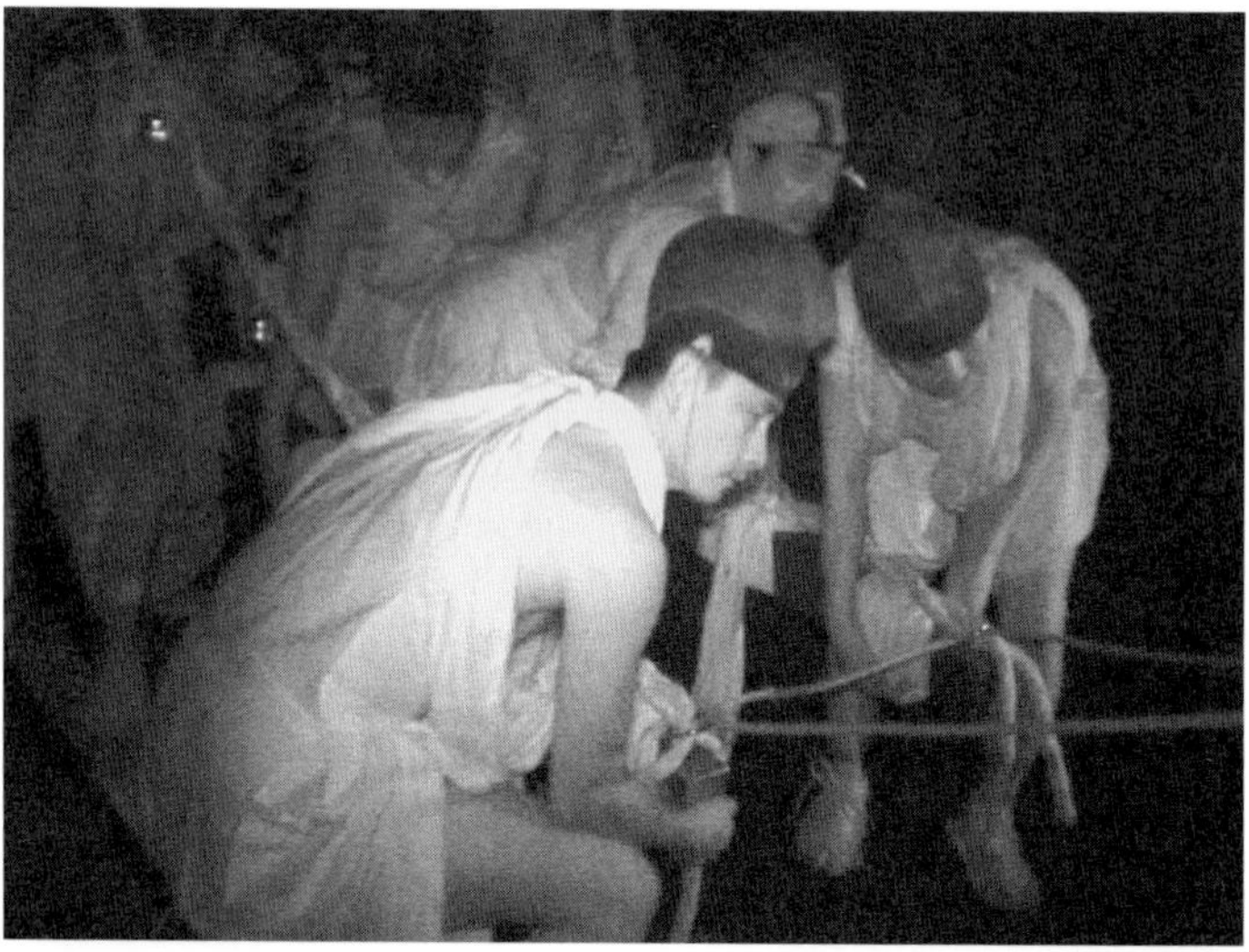

「お肩」まえ

〈お渡り〉

〈お渡り〉（走り始めた頃）

〈総社入口〉舞車の御神酒献上

〈総社拝殿前〉舞車の御神酒献上

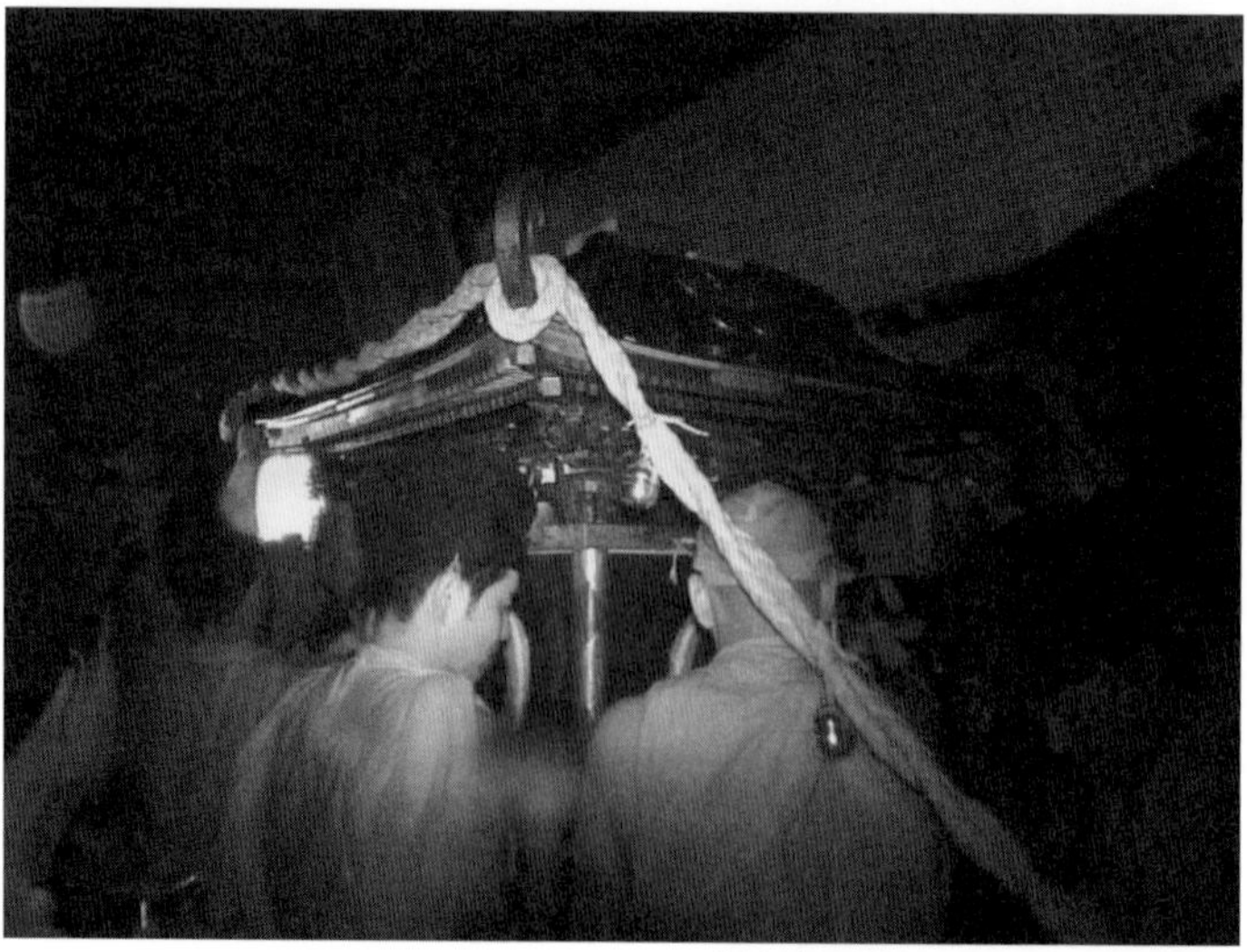

〈総社拝殿前〉舞車の御神酒献上

第五章　旧暦の意味を知る

旧暦の固守

近年、旧暦の見直しが話題になることがある。岡田芳朗著の『旧暦読本』、志賀勝著の『人は月に生かされている』などは旧暦、太陰太陽暦に日本人が慣れ親しんできた歴史を分かりやすく普及させる意図が読み取れる。また、松村賢治他著の『旧暦と暮らす』『続々と、旧暦と暮らす』は明確に、旧暦の見直しは伝統文化の見直しであり、人間性回復運動であると主張している。

見付天神裸祭は、旧暦の八月一〇日直前の土曜日の夜に行われている。現在でも旧暦に合わせることを当然のこととして伝承している。しかし、見付地区において見付天神裸祭の旧暦を守る意味、理由についての伝承はすでに消失してしまっている。

平成一九～二一年度にかけて裸祭保存会が「以前の裸祭」を記録することを目的とした調査事業を実施し、報告書を刊行した。その中で確認できたことは、旧暦を守らざるを得ない祭りの諸行事があったということである。この祭りにおいて、旧暦を守ることは、月の運行に合わせて行事が執行されること、潮の干満を利用して禊に出かけることに直結していた。

旧暦を守ることの意味を問い直すことは、祭りの本質的な意味を問い直すことにも繋がる。戦後、旧暦を守ることの意味を問い直すことなく、新暦に祭典日を変えてしまい、その後、祭り自体も変容し、祭りの本質を消失させてしまった事例をわれわれは見てきている。この章によって、旧暦の見直しによって祭りの本質を問い直す契機にしたいものである。

旧暦から新暦へ

明治五年一一月九日に明治政府は改暦の詔書を出し、それまでの太陰太陽暦である天保暦を太陽暦に改暦することとした。明治五年一二月三日が明治六年一月一日となった。このときの一ヵ月近くの日のずれが、その後、日本人にとって太陰太陽暦時代の年中行事の暦が新暦のそれと一ヵ月ほどずれるという感覚を生んだ。不思議なことで、日本においては旧暦から新暦に移行したのに伴い、正月と盆という二大行事は別々の暦日変化をたどる。

正月は新暦になっても一月一日を大正月として新暦に合わせることが全国で見られるが、盆は七月盆と八月盆とに分かれていく。太平洋戦争後、八月一五日を盆として、帰省、墓参りが企業社会の中で定着していき、全国において八月盆を行う所が大多数になっている。もちろん現在でも旧暦時代の七月盆という盆月を踏襲しているのか、七月盆にこだわる地域は全国にある。しかし、正月については新暦になっても二月にずらす地方が少ない中、太陰太陽暦時代に七月にあった盆は現在八月に移っている。年中行事はこの旧暦から新暦に移行したことにより多くの暦日の変化を生み出している。

太陰太陽暦と日本人の時間認識

明治五年の改暦まで日本において用いられた暦は太陰太陽暦であった。貞観四（八六二）年に唐の暦法である宣明暦が採用になり、江戸時代に誤差を修正しようと貞享暦、宝暦暦、寛政暦、そして天保暦と改暦が行われた。これらはすべて太陰太陽暦であり、太陽暦と太陰暦を併用したものであった。

太陽の一年は三六五・二四二二日であり、月のサイクルである一朔望月は二九・三〇五九日である。太陽の一年を月の一ヵ月で割ると、月の一二ヵ月とどうしても一一日ほど余ってしまう。この端数を何年かに一度閏年として一三月目を置くことで解決してきた。日本の旧暦は太陽暦と太陰暦を無理して合体させようとして、誤差を生み出してきた。誤差が生じても太陽暦と太陰暦は同時に読み取れるような暦を用いてきた。

旧暦では、日付でその日の月を読むことができた。その月の朔日は新月を意味し、三日は三日月を、一五日は望月、つまり満月を意味した。二日から一四日までは上弦の月になり、一六日から二九日までは下弦の月になった。また月の出と入りは、今の太陽暦に慣れ親しんだわれわれに比べて、より意識されていたはずである。三日月は日没に西の空に見え始め、一時間程度で西の地平線に没してしまう。上弦の半月は夕方東の夜空の高い位置に見え始め真夜中零時前後に西に沈む。満月は日没と同時に東の空から出てきて、西の地平線に沈む頃日の出を迎える。夜、灯火もあまりなかった時代、日付と月の運行の感覚が日常生活をつかさどっていたであろう。逆に太陽暦を採用して以後の日本人にとって暦と月の運行が一致しないため、月の運行が時間認識の中から欠落していった。

日本では一年が一月一日に始まり三六五日後の大晦日に至る太陽暦の時間認識と、一ヵ月、一朔望月は新月に始まり、三日月、上弦の半月、満月、下弦の半月、晦日に至る太陰暦の時間認識が並行していた。太陽暦であるグレゴリオ暦を明治五年に採用したことで、日本は欧米諸国と同じ暦を獲得することができたが、月の運行に沿う太陰暦の時間認識を、これを機に失っていくことになる。

そして、忘れ去られようとしている旧暦を見直そうという動きが二一世紀に入って顕著に見られるようになっている。

柳田国男が注視した「月の形」

柳田国男の日本人がもっていた暦の感覚は次の『年中行事覚書』の箇所で端的に語られている。

「大抵の農村では昔の仕来りのままに、月の形を見て色々の祭や行事の日をきめたのであった。年や月といふものの境も、この満月の日だったらうかと私は思ふが、…文字を知らない人々には月の形が、一ばんわかりやすい暦だったからである。…祭の仕度が前七日からとなって居たのは、ちやうど月の形が半分ほどになった頃から気をつけ始めることで、それに対して下弦の月、すなわち段々と遅く小さく、再び半分の大きさになる時までが、我々の祖先の神を思ふ日数であったからで、この間には又幾つもの儀式が有ったのである」

柳田国男は、日本人にとって正月と盆が祖霊信仰の中心的な儀礼であり、それを一月と七月に配して一年の神祭りの行事を組み、正月は一月一日の大正月より一月一五日の小正月の方が古く、一月一五日と七月一五日の望月の日がその大切な祖霊を祭る日として当てられていた、と説いた。

日本人は「月の形」を見ることで「祭や行事の日」を決めた。民間の暦である年中行事は、人々にとって身近なものであった月の形と運行によって決められ、この暦の時間感覚が近世までの農民の感覚であった。

旧暦と月の運行

全国各地で年中行事の調査研究が盛んに行われていた昭和三〇年代に刊行された『日本民俗学大系』七巻において、桜田勝徳は「年中行事　総説」で、民俗における暦の認識を「一日の期間は太陽により、一月の期間は月により定められ、一ヵ年の期間は太陽の季節的な一循環と月の盈虚《えいきょ》にもとづく一二ヵ月との折衷により定められた」と記している。これは日本人の暦の感覚、暦の時間認識を簡潔に示した一文である。つまり、一年の暦の感覚は、太陽の周りを回る三六五日の一循環という感覚と、月の一循環である一朔望月が一二ヵ月あるという感覚の折衷である。

また、宮本常一は『民間暦』の中で「おそらく官暦なき頃において、季節の移り変りを知り、日次を見定め得るたよりとなったものはじつに月であっただろう」とし、柳田国男の『民間暦小考』を長文引用している。宮本は、民間暦は月の運行により決めた年中行事そのものであるとし、民間に伝承される年中行事研究を進め、それを『民間暦』とした。

その後の日本民俗学においては、年中行事を取材し記録することは、一行事の調査研究として行われ、年中行事の行事の総体としては大きな業績が残されてきた。しかし、日本人がかつてもっていたであろう時間認識としての旧暦がいかなるもので、その時間認識が戦後、そして二一世紀に至っていかに変容してきたかは明瞭になっていない。それゆえなのだろうか、一九九〇年代以降、日本民俗学における年中行事研究は、年中行事自体の廃絶の危機の中、拡大、進展を遂げることができずにきた。

裸祭の沿革と変化

見付天神裸祭は宿場町の祭礼である。主な祭りの構造は江戸時代の享和三（一八〇三）年の『遠江古蹟図絵』に記載されており、近世において現在の形にほぼ整備されたといえる。

見付天神裸祭は、明治以降の近代、幾多の変遷を経て現在の形になった。祭りの本質にまで影響を与える変革が太平洋戦争後の昭和三〇年前後に起こっている。その変革は次の三点にまとめることができる。

①昭和三五年までは、大祭一日目が旧暦の八月一〇日であり、御煤採《おすすとり》が八月一日、祭事始めが八月二日と、旧暦にしたがって行っていたが、大祭を旧暦の八月一〇日直前の土曜日にし、祭事始めをその前の日曜日に行うようになった。

②昭和二八年までは、各町内は浜垢離に屋形船を仕立てて行っていたが、それ以後、各町ともバスで行くようになった。

③昭和三五年までは、大祭が宵の祭りと夜中の祭りに分かれていて、総社への神輿渡御が終わると午前四時を過ぎていたが、それ以後、両者は一つの流れに集約され、午前一時には終了するようになった。

①は祭日の変化であり、②③は祭事の内容の変化である。見付天神裸祭保存会は、この三つの変化

の影響は大きかったと認識し、この変化の前の状態を「以前の裸祭」と呼んで、その経験者が物故する中、緊急の調査を実施して「以前の裸祭」を記録している。

祭日の変化

祭日の変化は昭和三五年より、大祭第一日目を「旧暦の八月一〇日直前の土曜日と日曜日」としたことより起こっている。それ以前の裸祭の日程を確認するのに好都合な資料として、大正五年三月に記録された『例大祭　祭儀次第書　附祝詞』がある。これは、見付天神社の神職であった川出新一郎が神事を執行する際に備忘録として記録したものであり、それ以後においてもこの記録が参照されて、諸神事が執行されている。

一　御煤採　旧暦八月一日
一　祭事始　旧暦八月二日
一　浜垢離　旧暦八月七日
一　御池清祓　旧暦八月九日
一　幣帛供進使参向祭　旧暦八月十日
一　遥拝所及境内社祭　仝　日
一　清祓　仝　日
一　御神霊移御祭　仝　日
一　渡御奉告祭　旧暦八月十一日
一　山神社祭　仝　日
一　淡海国玉神社本殿祭　旧暦八月十一日
一　御神輿前祭　仝　日
一　御巡幸奉告祭　仝　日
一　御旅所祭　仝　日
一　還御後本殿祭　仝　日

※仝は同の意味

旧暦の八月一〇日は平成二二年においては九月一七日であるが、実際には大祭第一日目は九月一一日であった。この年に限って言えば「旧暦八月一〇日直前の土曜日」にしたことで、六日のズレが生じている。平成二二年の大祭一日目は旧暦では八月四日であり、半月（上弦の月）にもならない月に当たる。この四日の月の運行は、当然本来の八月一〇日の月の運行と食い違っている。

また、浜垢離は昭和三五年まで旧暦で行っていた時には八月七日であり、平成二二年では新暦の九月八日に当たり、旧暦にすると八月一日となり、浜垢離が本来旧暦の八月七日であるとすると六日のズレが生じている。旧暦を守ってはいるものの「直前の土曜日」とすれば年によっては六日のズレも生じることになる。

現在の浜垢離が干満の潮位差を利用するわけでもなく、月の運行に合わせるわけでもない以上、この「直前の土曜日」に祭日を変化させたこと自体に、氏子たちは大した違和感をもってはいない。

浜垢離と干満の潮流

浜垢離は旧暦の八月七日に行われていた行事で、現在は大祭前の水曜日に行っているが、大祭を前に氏子が遠州灘に出て、海水で禊をすることを目的としたものである。昭和二八年までは各町が屋形船を仕立てて、見付宿の中央を流れる今之浦川を下っていき、遠州灘に近い塩新田で船から下りて、見付地区の南に位置する福田の浜に出た。『見付天神裸祭の記録』によれば屋形船の運航は今之浦川の干満の潮流を利用して行っていたことが分かる。

各町は、早朝から屋形船を準備し、各町の屋形船が出発したのは午前一〇時前後であった。この頃中川橋下手の船付場辺りでは水位が下がり出し、川の流れが下流へ向いた。出発する順番は宮司、神職、先供世話方、氏子総代役員を乗せた舟がまず出、次にその年の輿番の屋形船が出、あとは各町が次々と出発した。干潮の下流に向かう流れに乗って下った。

浜垢離を終えて各町は午後三時前後に舟に戻ってきた。旧暦八月七日のこの時刻頃になると、潮は満ち始めており、潮の干満の影響を受ける中島橋辺りでは、川が上流へ向かって緩やかに流れ出している。この流れに乗って各町の屋形船は帰路に着く。

この日の干満の潮位は、浜垢離の際に屋形船を航行させるのに大きく関係していた。午前中、今之浦川を下って福田へ行くときは干潮時期にあたり、潮位の影響を受ける今之浦川は丁度良いように川下に向かって流れていく水流に乗れた。また、午後三時過ぎには潮が満ちてきて、帰途、川下から上流に位置する見付に遡るには潮位が満ちてきて航行に都合よかった。

潮位は月の運行と密接な関係にあり、旧暦の日、月の盈虚《えいきょ》と潮の干満の時刻はほぼ対応する。つまり、旧暦に従えば、干満の時刻は固定して考えることができる。図は浜垢離当日の潮位の推移を示したものである。旧暦の八月七日は平成二二年では九月十四日に相当する。この日の潮位は午前中九時に満潮を迎え、それから潮が引いていき、午後二時半に干潮に達し、それから潮が満ちている。旧暦の八月七日の干満の時刻を予想しての屋形船の運航である。

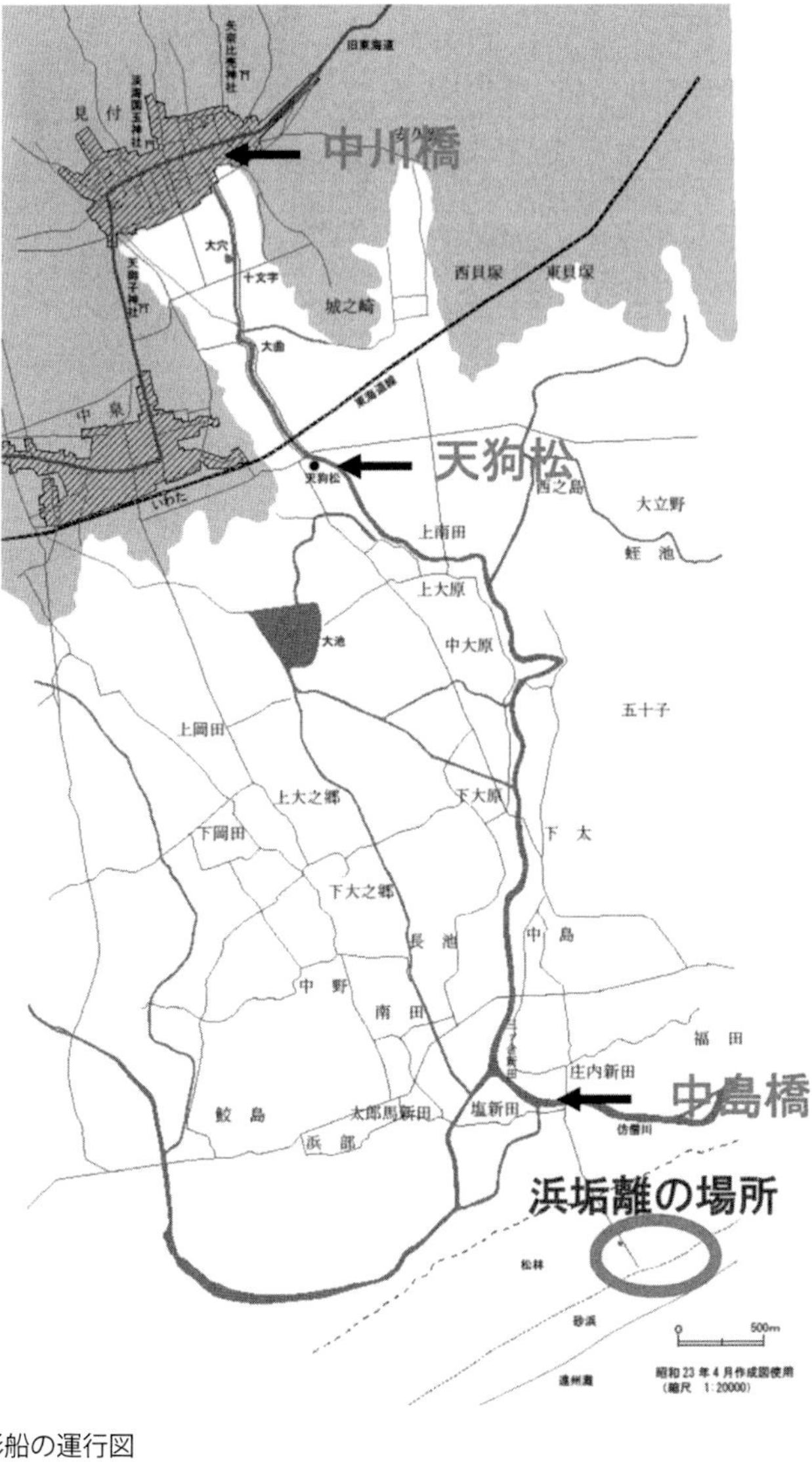

中川橋
天狗松
中島橋
浜垢離の場所
旧東海道
見付
十文字
城之崎
西貝塚
東貝塚
大曲
東海道線
中泉
いわた
西之島
大立野
上南田
上大原
大池
中大原
五十子
上岡田
上大之郷
下大原
下太
下岡田
下大之郷
長池
中島
中野
南田
福田
庄内新田
鮫島
太郎馬新田
塩新田
浜部
松林
砂浜
遠州灘
500m
昭和23年4月作成図使用
(縮尺 1:20000)

屋形船の運行図

神輿渡御と月の満ち欠け

裸祭の中心的な行事は旧暦八月一〇日の深夜、御神体を遷移させた神輿を暗闇の中、見付天神社から総社である淡海国玉神社に渡御させることである。この神輿渡御に付き従うために各町から裸衆が夜中の祭りとして見付天神社の拝殿に参集する。渡御が始まる前、拝殿内で裸衆が鬼踊りをするのは、地霊を反閇を踏んで鎮めるための行為であるとの解釈もなされている。

月の明かりもなく、街道筋の家々の灯火を消し、真の闇の中で渡御は行われた。この旧暦八月一〇日の宵の祭り、夜中の祭りおよび神輿渡御の動きを聞き取りにより記録する。

宵の祭りは、太平洋戦争後になって正確な時間で始めようとし、煙火打ち上げを合図とするとなっていったが、以前は一〇日の月が只来坂上にあった松（現在は枯死し撤去されている）の決まった枝に掛かったときに動き出したと伝えられる。中央町は、見付宿の南西にある丘陵上の集落であり、見付宿の南西端に当たる。ここでは月の運行を観察し、この中央町の判断によって宵の祭りが始まった。旧暦八月一〇日の夜九時頃、中央町の裸衆が山車を先頭に只来坂を下った。

中央町の練りが山車を先頭に裸の練りが続き、加茂川通の会所の前を通るとき、加茂川通の山車は中央町の山車と裸衆の間に入り、中央町の山車の後に続く。加茂川通の裸衆は中央町の裸衆が会所を通り過ぎた後、その練りの集団の後ろから加わり、一つの練りの集団になる。この統合の仕方で、次に河原町が姫街道との合流地点で加わり、梅屋小路から梅屋町が加わり、西坂町が次に加わり、西ノ

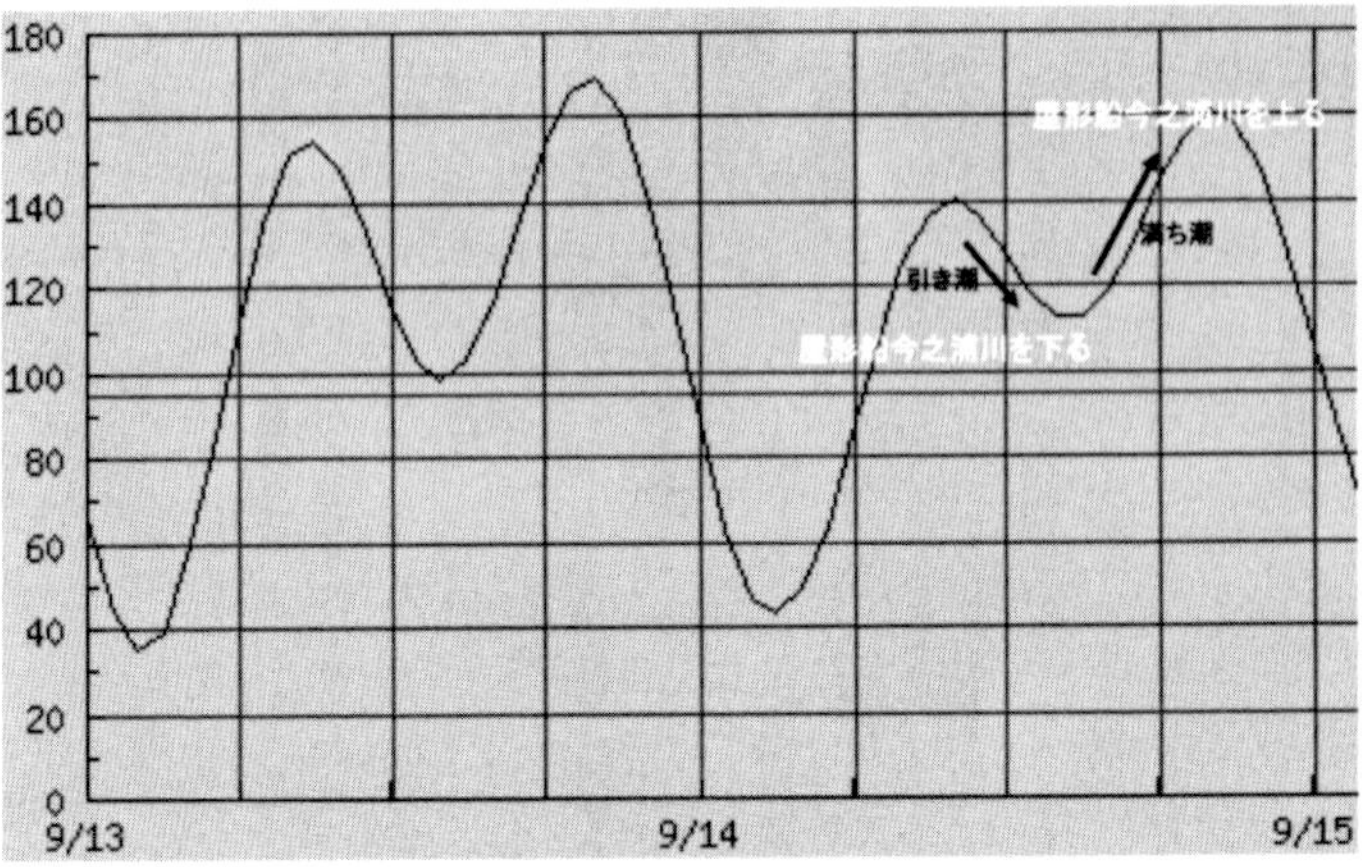

浜垢離当日 2010 年 9 月 14 日（旧暦 8 月 7 日）の御前崎の潮位推移

小路から一番町が加わり、玄妙小路から幸町が加わった。ここで一番触は、山車が中央町、加茂川通、河原町、梅屋町、西坂町、一番町、幸町と並び、その後ろに七町の裸衆が一段となって練りを形成した。

宵の祭りでは、一番触の練りが形成された後、東へ向かい、まず総社である淡海国玉神社に入った。拝殿前で練ることもなく、拝殿を右回りに回って旧東海道に戻った。旧東海道に戻ると山車の後に練りが続き、東へ進んだ。そのまま三本松へ上がり、三本松の御旅所で折り返し、見付天神社の後押し坂を上がり、練りは拝殿を一周して帰路に就く。下の大鳥居の辺りに前締めが用意されていて、そこで練りが整えられ、そのまま西進し、おのおのの会所に戻った。一番触の練りの集団が動き出すと、次に二番触（馬場町、元倉町、天王町、二番町）が、次に番外（宿町、新通町、清水町、中川町、地脇町）が、そして三番触（東坂町、富士見町、権現町、住吉町）が動き出し、見付宿の東海道を巡り、一番触と同様に見付天神社に向かって社殿を一周して各町へ帰った。

宵の祭りが終わり、会所へ戻った裸衆は、会所でそのまま詰めている者もいたが、大半は一度自宅に戻った。夜中の祭りの始まりを決めるのも中央町の役割で、只来坂上から見て山の端に一〇日の月(上弦の月)が沈んだのを確認して動き出した。一〇日の月は、この只来坂上辺りでは午前二時前後に東の山の端に隠れる。一〇日の月が山の端に沈み、真の暗闇になったことを確認して、夜中の祭りが始まった。

煙火と同時に山車を先頭に中央町の裸の一団が提灯を手に只来坂を下がってくる。只来坂を下る姿は西光寺入口辺りからよく見え、各町は斥候を出して中央町が来るのを把握した。中央町の山車と裸の一団が加茂川通の会所の前を通り過ぎると、加茂川通の山車が中央町の裸の後ろに付き、その後ろに加茂川通の裸の一団が従った。次に河原町、梅屋町、西坂町、一番町、最後に幸町が付いた。

中央町の山車を先頭に、各祭組は山車、裸の一団とおのおの続き、天神社の拝殿を目指した。どこへも寄らず天神社の後押し坂を上り、六つ石のところで一度止まる。親町の西坂町の警固長が拝殿前の石段上から提灯を振って合図すると、まず中央町の一団が提灯を手に拝殿に練りこんだ。それから、加茂川通、河原町、梅屋町、西坂町、一番町、幸町が一町ずつ次々と拝殿内へ練りこんで行った。

一番触の一団が拝殿内に入り、次に二番触、番外、三番触と次々に練り込み、拝殿内の鬼踊りの塊がより一層大きくなっていく。そしてしばらく鬼踊りが続き、渡御奉告祭が行われ、山神社の祭りが行われた後、煙火の合図により、天神社だけでなく見付地区の灯火が一斉に消される。

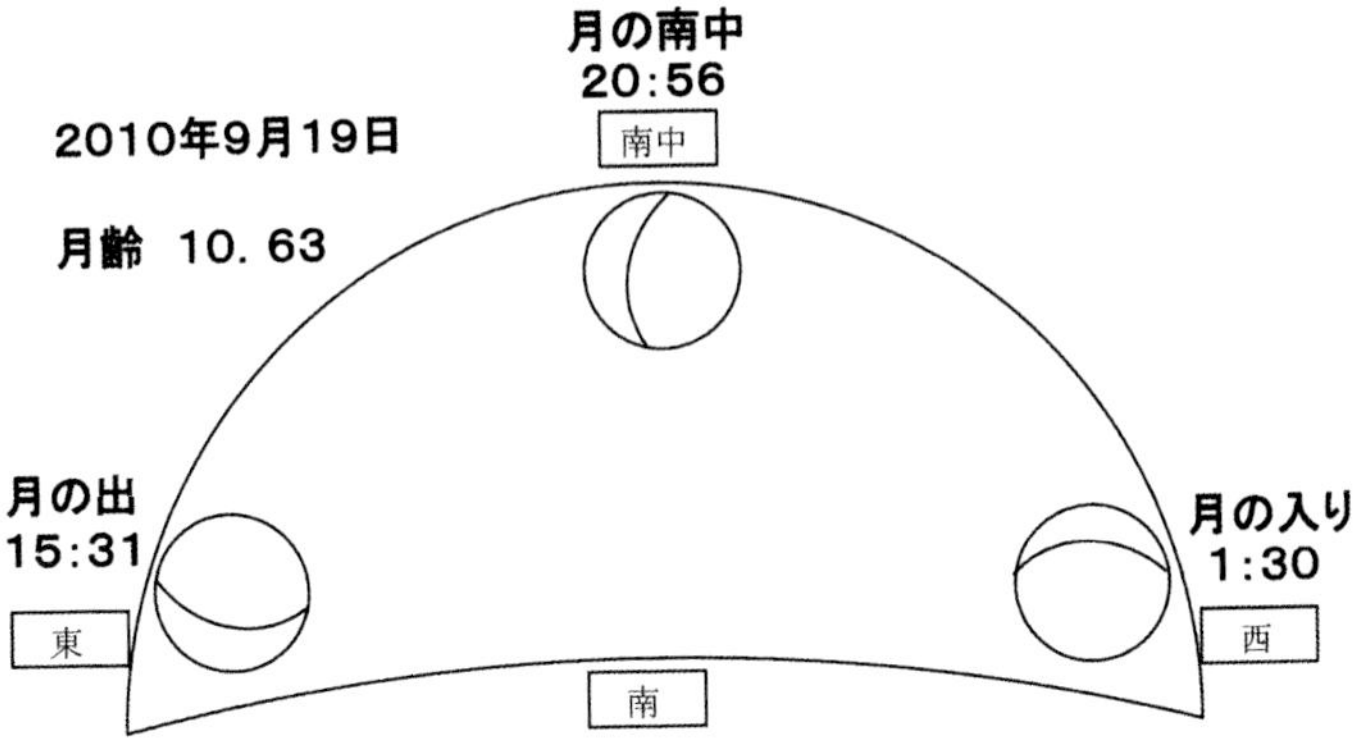

2010年9月19日（旧暦8月10日）の月の運行図

暗闇の中、神官、先供に先導され、輿番により担ぎ上げられた神輿が拝殿より引き出される。神輿は天神社から総社へ渡御する。渡御は一〇日の月が隠れ、街道筋もすべて消灯された真の闇の中で行われる。総社で神輿着御祭が終わると、やはり煙火の合図で灯火が一斉に点され、神輿渡御が終了する。神輿渡御にお伴した裸衆が自町へ戻る頃は、東の空に薄明かりがわずかに広がってくる。

旧暦一〇日の夜、上弦の月が西の山の端に隠れた後の暗闇の中で鬼踊りは行われ、神輿の渡御が行われた。平成二二年の九月一九日が旧暦の八月一〇日に当たる。この日の月の運行を上の図に示した。この日の月の出は一五時三一分で、太陽が沈んだ直後の夕刻には月は東の山の端の上に見える。宵の祭りは夜二一時頃に始まるとされていたが、確かにこの日月が南中に達するのが二〇時五六分であった。この頃、中央町では松の枝に上弦の月がかかるそんな時刻である。そして一〇日の月が西に沈む、月の入りは一時三〇分であり、これもやはり、中央町が月の入りを確認する時刻に相当する。

旧暦固守の意義

見付天神裸祭は、昭和三五年まで厳格に旧暦を守り、それ以後も旧暦八月一〇日の直前の土曜日に行うことを守ってきた。旧暦を守る必要性は、一つには浜垢離の際に屋形船の航行に都合のよい潮位が保証されるということと、二つには神輿渡御が一〇日の月が沈んだ後の暗闇で行われることの二つがあった。国指定重要無形民俗文化財になった後の現在でも浜垢離および神輿渡御は行われているが、屋形船はバスに切り替えられて潮位を気にすることはなくなり、神輿渡御は午前零時過ぎに行われるようになって、灯火は消されるが月光の中で渡御することもある。

見付天神裸祭の中心的行事である浜垢離と鬼踊り、神輿渡御は、旧暦における月の運行に従って行われていたことが分かり、この祭礼が磐田市見付地区で旧暦を固守してきた背景が見えてきた。裸祭において「以前の裸祭」の経験者が亡くなる中で、近い将来、月の運行と祭礼行事の関係を体験上語れる人が居なくなってしまう。

屋形船からバスになり、裸衆の動きが時計に合わせるようになった今、月の運行は意識しないで祭りは執行できる。旧暦を固守する意味と、月の運行が人々の時間認識において重要であったことが忘れ去られようとしている。裸祭の戦前までのあり方を、行事の本来もっていた意味を、旧暦の間認識があったことにより執行された行事があったことを、未来の人たちに伝えたいものである。

（中山正典）

第六章　江戸時代の裸祭

江戸時代の文献より

裸祭は、人から人へと受け継がれて現在のような祭りになっており、明確に記録した文献が中世からあるわけでもなく、確固たる元来の形式、内容がどのようなものであったのか、はっきり分かっていないのが実情である。現在の裸祭はいつからその形式が整えられ、伝承されてきたのか残念ながら不明な点が多い。逆説的に言えば、文献で明確に分からないから「民俗＝伝承文化」として価値があるのかもしれない。

江戸時代（一六〇三～一八六七）なら裸祭の様子も文献を通じて分かるかというと、残念ながらそれもはっきりしない。近世後半にいくつか残された文献で確認できることもあるが、『磐田市史　史料編2近世』（平成三年＝一九九一）、『磐田の民俗』（昭和五九年＝一九八四）、『見付天神裸まつり―海と山との交歓―』（平成三年　國學院大學日本文化研究所）、『見付天神裸祭の記録』（平成一二年）などで分かるように近世の文献も数えるほどしかない。数少ない中から、ここでは『遠江古蹟圖繪《とおとうみこせきずえ》』（兵藤庄右衛門編纂　寛政九年　一七九七年刊）と「遠く見ます」（七世市川団十郎の見聞録　（天保三年＝一八三二）、『事実證談《ことのままあかしがたり》』（中村乗高　文政六年＝一八二三）の三題を取り上げる。

『遠江古蹟圖繪』

ここには裸祭の神輿渡御《みこしとぎょ》の様子を絵にしたものが載っている。腰蓑《こしみの》を着け、丁髷《ちょんまげ》を結った裸の男たちが神輿を担《かつ》ぎ出している様子で「比佐満里《ひさまり》の祭」と題して描かれている。矢奈比売命《やなひめのみこと》の記述として「見付宿の天神の社を矢奈比売天神という。毎年八月十日祭あり。比佐満里の祭という。社は宿の北側にある。宿の入口に梅木がある。・・・八月七日の夜、荒浜という。・・・同十日の夜八つ時、神輿が渡御する。見付宿中、犬、猫、鶏、牛、馬を遠ざける。家々燈火を消し、寝ている者を起こし、無言でいる。見付堺（境）松というところから若者ども大勢赤（ママ）褌、身に腰蓑、手に榊の枝を持って社殿に走り入り、元気よくヨンサモンヤサと拍子を取って踊る。これを鬼踊りという。」とある。

『遠江古蹟圖繪』

見付天神裸祭は「比佐満里の祭」（潜《ひそ》まる＝忌《い》み籠《こも》る祭りである）と呼ばれるといい、また「犬追祭」とも呼ばれ八月六日より「比佐満里祭禁不浄之輩」と書かれた白木の看板が立てられていたと記している。見付天神の不浄を祓《はら》う祭りの性格を強調している。

腰に七五三（注連縄《しめなわ》）を巻き

「遠く見ます」に描かれた鬼踊りをする裸衆

七世市川団十郎の「遠く見ます」には、二人の裸の男が相撲を取るような恰好《かっこう》をして「鬼踊り」をする絵が描かれていて、次のような記述がある。

「十日の暮六つより祭礼が始まる、……水ごりを取って、さらしを巻き、ふんどしをしめて、腰に荒縄の大七五三（注連縄）を巻く。これは人が寄り付かぬようにして、このように組み合い、よんヤサもんヤサ〜〜という。……町々の御神燈、まんど（万燈）に灯りが入り、家々の賑わいは天を焦がすようだ。（裸の男たちは）町々を巡って後、御社（見付天神）に入り組み合い、よにやサアもんやサアと組み合ふ。これを鬼踊りという」

また「一の鳥居で両松明を踏み消す。これから又闇となる。御こし（神輿）をかき、山道を駆け下りる。数多の足音、天に響くのはおそろしくもあり有難いことだ。御仮屋（渡御の先の社）に神輿を納める。するとまた宵のように町々の御神燈、家々に灯りが点く」と七五三（注連縄）を腰に巻いた裸の男たちが拝殿で鬼踊りをし、神輿の渡御が松明《たいまつ》を消した暗闇の中で行われることが、臨場感をも

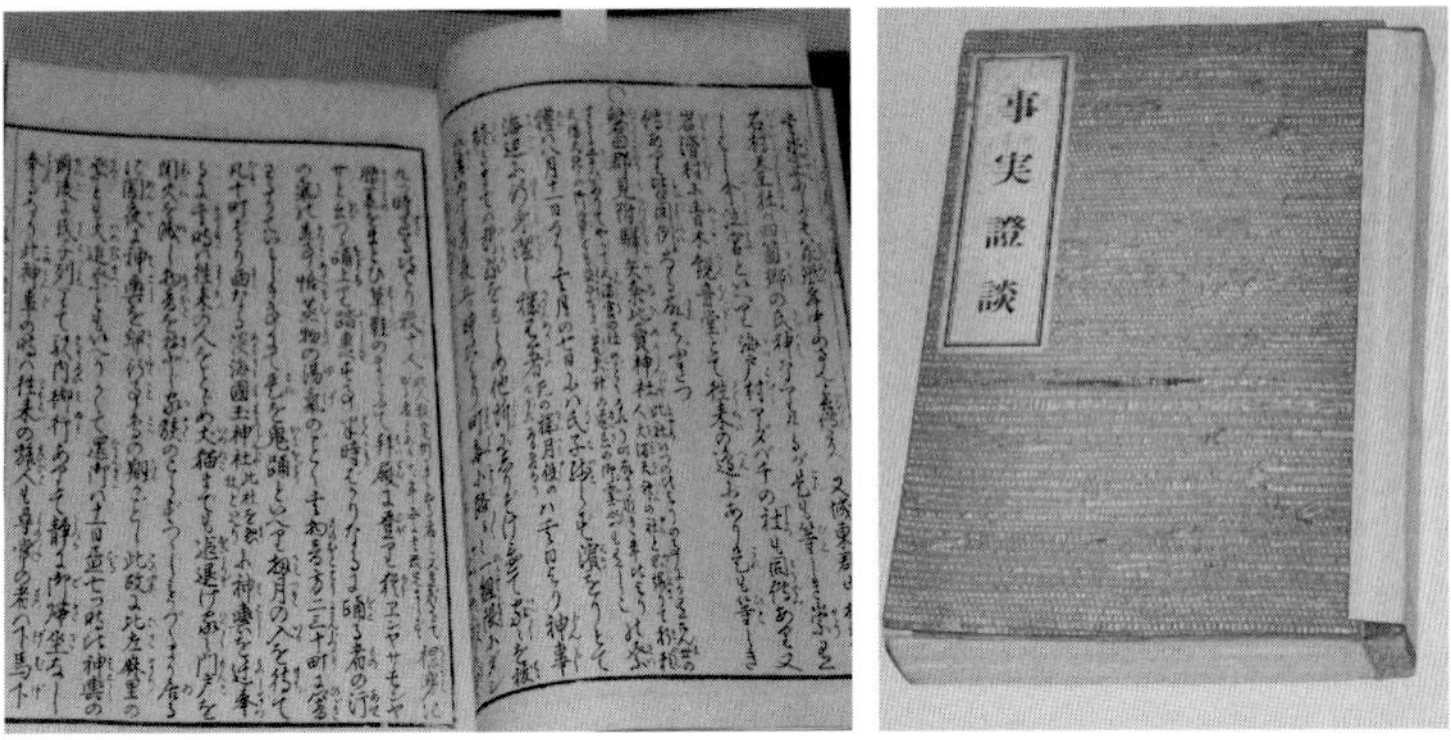

『事実證談』表紙（右）と裸祭についての記述の箇所（左）

って描かれている。

『事実證談』中村乗高著

見付天神裸祭に関する文献では、近世に書かれたもので現在確認できるものは九つほどある。その中で直接的に触れていて、ある程度全体が描かれている文献は三つあり、それらが『遠江古蹟圖繪』、『事実證談』、「遠く見ます」である。

『事実證談』は、江戸時代の後期、文政六年（一八二三）に、遠州森町の天宮《あめのみや》神社神主である中村乗高が著したものである。「磐田郡見附駅矢奈比売神社」という見出しの下、千字にも満たない分量の文字で「矢奈比売神社の祭礼」が記録されている。後半が、土山宿《つちやましゅく》（東海道の宿駅、鈴鹿山脈西斜面の集落）の金兵衛の奉納金の話であるから、裸祭については五〇〇字程度の説明である。が、先の『遠江古蹟圖繪』と「遠く見ます」より大祭の運行、時間については明確に記されていて、江戸時代後期の裸祭の重要な記録となっている。

浜垢離《はまごり》について江戸時代の文献の中で唯一明確に記録されて

いる。八月七日に氏子は残らず「浜をり」と言って海辺に行って禊《みそぎ》とる。穢《けが》れのある者（死の穢れと「月役」の穢れのある者）は其日より神事の終わるまで縁故のある者のところへ行って見付宿に居てはいけない。家々は祭礼当日まで祓い清めること、が書かれている。

現在、裸祭三日前の水曜日に浜垢離に行っているが、この行事の近世における様子が垣間見える。「浜降《を》り」は全国で、特に北関東の太平洋沿岸などで伝承されている祭礼の名称で、神輿を海水で清める行事を伴うものである。裸祭では明治時代の山中共古《やまなかきょうこ》が著した『見付次第』でも「浜をり」と現在の浜垢離を書き記している。

また、八月一〇日（昭和三五年まで旧暦の八月一〇日の夜から一一日の未明にかけて裸祭の大祭・渡御が行われていた）「夜五ツ時頃」（夜八時頃）より町ごとの小路より組々が「ダシ」を持って「エンヤサ　モンヤサ」と言いながら神社に向かう。「九ツ時過る頃」（午前零時過ぎの頃）より草鞋《わらじ》に腰蓑をまとった裸衆が拝殿に「エンヤサ　モンヤサ」と言いつつ踊り上がり、「踏轟《ふみとどろか》す」。これが「鬼踊《おにおどり》」だと言っている。そのしする。江戸時代の文献の『遠江古蹟圖繪』と「遠く見ます」では神輿渡御の時刻を「八ツ（午前二時）」としているが、『事実證談』では一〇日の月が西の山の端に沈んで全くの暗闇を退けられ、家々は門戸を閉じ、灯火は消され、物音は禁じられた。家族は残らず慎み、蹲《うずくま》った。真っ暗闇の中を神輿が疾走する様は「鳥が翔《かける》」ようだった。神輿渡御が一〇日の上弦の月が山の端に隠れたことで始まったこと、月明かりも全くなくなった暗闇で行われることが明記されている。江戸時代以前の文献で、唯一この神輿渡御の大切な条件をはっきりさせている。

そして八月一一日昼の「七ツ時頃」（午後三時頃）神輿の前後に氏子が連なり、見付宿内を御幸《みゆき》して渡り、静かに社に御着座する。

「土山宿金兵衛の話」

また、『事実證談』には、矢奈比売神社の神官・斉藤監物《けんもつ》菅原春雄が語った寛政年間（一七八九〜一八〇一）の中頃の話が記されている。それによると、この祭りでは往来の旅人は必ず馬や輿から降りて通らなければならないことになっていた。ところが、土山宿の金兵衛という者が、祭礼の日に急用があって早駕籠《はやかご》で矢奈比売神社前の街道を駕籠から降りずに通り過ぎようとした。すると大きな石が落ちてきて駕籠を直撃した。金兵衛は駕籠から降りて駕籠を見ると、駕籠の棒が真ん中より折れているが、駕籠の損傷はなかった。急いでいるところでもあり、神社の方に遥拝《ようはい》しただけで見付宿を通り過ぎた。年月を経て、通り過ぎてしまったことが気懸《きがか》りで、改めて「金百疋《ひき》」を矢奈比売神社に奉納し敬虔《けいけん》の意を表した。

このエピソードは、身分を超えて人々がいかに矢奈比売の神に、いかに畏敬《いけい》の念を抱いてきたかを示すものとして伝えられる。

（中山正典）

女性から見た裸祭

青島美子（磐田市見付）

「裸祭の中の山神社祭を一度見たい」それは長年の念願であった。例年、神輿の渡御見物には見付宿場通りの総社近くに陣取ることが恒例となってしまっていた。まさに「今年こそ」の意気込みであった。初秋の夜もすっかり更け、旧暦八月一〇日に近い月は、もう空のどこにもなかった。神籬の樹木が大きな塊となって暗闇の境内を一層暗くしていた。見付西木戸より裸の練りの集団に付いて見付天神まで登って来て、拝殿の鬼踊りに圧倒され続けた我が五感には「オイッサ、オイッサ」の声が染み込んでしまったらしい。山神社の前に居て拝殿の練りの声が聴こえているのか、あるいは体じゅうに蓄積された声が耳元で幻聴となって再現されているのか、自分でもよくわからなかった。山神社祭を待つ間、裸祭を初めて見た時のことを思い出していた。

初めて裸祭に出会ったあの時の感動を今でもはっきり憶えている。あれは西区の梯団が境松組と合流し西光寺に集結して大きな練りとなり、ゆっくり西坂の交差点に移動して来るところだった。

腰蓑の新藁の匂いと男の熱気とが混沌としてむせ返るほどだった。練りの中心には、肩車されて鈴をシャンシャンと無心に振る姿があった。これが見付の男だと言わんばかりに、その雄姿は誇らしげだった。

練りの最前列は、〆役の若者がスクラムを組んで、練りの圧力に必死に耐えていた。腕が千切れそうでも〆の交代までは決して切れてはいけないと聞いた。本通りに入っての練りと練りのすれ違いは凄まじかった。「中に入れ！」との叫び声で白丁姿が道路中央に次々入り練りは楕円となってすれ違って行った。

この時ばかりは梯団の意地を見せ、鈴の振り方も力一杯なら、練りの声も張り裂けんばかりで、見る者の心までも虜にしてしまう。「オイッサ　オイッサ」と、こちらの魂を揺さぶっていった。何か憑き物がついたように、ひたすら練っている男の集団に、女たちは言いようのない魅力を感じながらも、半分はうらやましくも、うらめしくも思うものだった。

目の前では、庭燎が焚かれ注連が張られ始めていた。見物人は山神社からかなり遠ざけられる。

と、間もなく大松明と共に宮司・神職の行列が現れる。一行は白装束である。「神さびる」という言葉通り、神々しいまでの別世界、神域を目の当たりにし興奮気味の自分に気づく。

宮司は祓串で祓い、それを神職が受けて庭燎に投げ入れる。その後、切麻にて修祓し、祝詞奏上となる。この祝詞の中で一番觸より觸榊を渡していく。御山役が「おー」と声を発して榊を受け、野次の十数名と一緒に「いちばーんぶれー」と連呼しながら、觸鈴をシャラシャラと振りながら山を駆け下りていく。何か川の源を見たような感じである。二番觸・三番觸を送った後、真っ暗になった境内を神輿が動いていくのを感じる。

かつて伊勢神宮の遷宮の時、暗闇の中でものすごいエネルギーを感じたと、その場に居た人たちが語っていたが、これぞ「渡御」と瞬間思った。

第七章　明治・大正の裸祭

見付天神裸祭については文書による記録が少ないことが、この祭りの謎を多くしているだろうし、「希代の祭典」と著名になる理由でもあるだろう。江戸時代の文献については第六章で概略を紹介した。ここでは明治時代に記録された文献を見てみたい。明治の文献も多く確認できるわけではない。ここに示すのは四点である。一つは見付教会の牧師であった山中共古《やまなかきょうこ》が記録したものと、明治期の全国的なクラブ雑誌である『風俗画報』に載せられた三本の見付天神裸祭の案内解説文である。

明治時代の記録で特筆しておきたいことを幾つか挙げる。

一　明治時代の文献

しっぺい太郎と裸祭

一つは人身御供《ひとみごくう》伝説と裸祭の関係である。これは読者の中にも興味をもたれている人が多いであろうが、果たして裸祭の起源は、人身御供伝説「悉平太郎伝説」から起こったのかどうかということであり、そもそも裸祭とは人身御供伝説と結びついていたのかということである。裸祭が八月一〇日の夜行われるようになったのは、この夜白羽《しらは》の矢が立った家の娘を矢奈比売命の神前に供えていた頃からという。そして悉平太郎（早太郎）という信濃国（現在の長野県駒ヶ根市）の光前寺の犬がこの人柱《ひとばしら》を食らう怪獣を退治したといわれている。

明治四一年（一九〇八）、『風俗画報』に淡遠小史なる人物が「見付天神の裸体祭」という一文を寄せている。裸祭が人身御供の犠牲《いけにえ》を捧げる行事、八月一〇日（裸祭の夜）に「小娘を白木の櫃《ひつ》に入れ」

て神前に供える「昔時人身御供」から行われるようになったことが記されている。初めて伝説との関係が明記された文であると言っていいだろう。この筆者は袋井のニコライ教会の宣教師であった岩田孝友であったことが分かっている。岩田が人身御供から裸祭が起こったとすることを記す『都の錦』なる文を引用しているが、この文は今に伝わらない謎の書である。青島常盤氏によれば、「岩田の創作した偽書である可能性が高い」という。この文が世に出るまで、裸祭と人身御供とを明確に結びつけることはむずかしいかもしれない。

『見付次第』

明治時代の文献で貴重なものに山中共古が明治四〇年に記した『見付次第』がある。裸祭のオミシマサマ、浜垢離、鬼踊り、神輿渡御などの明治期における記録として、その詳細さ、行事の内容を知るには重要な記録の一つである。その『見付次第』には「人身御供の伝説は諸国にあるものにて、それがこの裸祭に関係せるものとも思われず」と岩田の『風俗画報』へ寄稿することになる文を意識してか、裸祭と人身御供伝説の結びつきを否定する書き方をしている。山中共古がいなかる人物であり、『見付次第』の内容がいかなるものであったかは『見付次第／共古日録抄』（二〇〇〇年　遠州常民文化談話会編）を参照してほしい。

しっぺい太郎伝説と裸祭

「しっぺい」は磐田市のイメージキャラクターとして、市の観光ピーアールに大きく貢献している。

「紅白の綱と褌を身につけ、ふくよかな体型をした」「磐田の平和を守るかしこくて優しい犬で、メロンが好きな」白い犬。平成二四年一月に、市民投票の結果を参考にして「磐田市イメージキャラクター最優秀賞」に選ばれた「しっぺい」は、見付に伝わる悉平太郎伝説から、大阪府在住の田中みなみさんがイメージしてつくったキャラクターである。以後、多くの市民に愛され、全国の人も、親しみやすく、愛嬌のある「しっぺい」に注目してくれている。

悉平太郎伝説とは、磐田市の商工観光課のホームページによると、以下の通りである。

　その昔、毎年、家の棟に白羽の矢が立った家の娘は、八月一〇日の見付天神の祭りに人身御供（生きたまま神に供えること）として捧げられるしきたりがありました。村人たちは祭りのたびに泣いて悲しみました。

ある年、見付を訪れた旅の僧侶がこの話を聞き、そのしきたりを無くせないものかと思案しました。そして、それが怪物の仕業であることを突き止め、怪物たちが「信濃国の悉平太郎に知らせるな」と囁くのを聞きました。

そして、悉平太郎が光前寺（長野県駒ヶ根市）で飼われている犬だということが分かり、この犬を借りてきました。

次の年の八月、祭りの日に人身御供の身代わりに悉平太郎を櫃に入れて、見付天神に供えました。怪物が櫃を開けた瞬間、悉平太郎は怪物に襲いかかり、長い格闘の末、怪物を退治しました。怪物は大きな年老いたヒヒでした。その後、人身御供のしきたりはなくなったということです」


そして『磐田の民俗』（磐田市誌シリーズ第七冊　昭和五九年刊）によると、怪物退治をした後の村人たちの「歓喜踰躍《かんぎゆやく》の舞」が裸祭の起源とする説もあるとしている。

裸祭に関する近世文書については『裸祭の記録』（裸祭保存会　平成二二年刊）に示されているが、江戸時代にはすでに悉平太郎伝説が語られており（「遠く見ます」七世市川団十郎　天保三年）、裸祭についても鬼踊りの記載などが確認できる。しかし、近世の文書においては悉平太郎伝説と裸祭とは併記されているにとどまり、裸祭の起源を悉平太郎伝説に求める記述はない。

見付天神にある霊犬しっぺい太郎の像

　明治近代以降の悉平太郎伝説と裸祭との関係については、青島常盤氏の一連の報告が『磐南文化』（第三六〜四二号）に掲載されている。『裸祭の記録』にもあるが、淡遠小史の「見付天神の裸祭」（『風俗画報』三八八号　明治四一年）には「此の祭典は昔時人身御供の遺風を存するものなりといふ」として、裸祭の起源を人身御供伝説と結びつけている。

　一方、明治四〇年に記された山中共古の『見付次第』には「人身御供の伝説は諸国に有るものにて、それがこの裸祭に関係せるものとも思はれず」とある。山中共古は裸祭の起源を人身御供伝説に安易に結びつけることを諌めている。まったく正反対の意見が明治四〇年頃に見られるのである。

文献的な究明はこのぐらいにして、民俗学者の新谷尚紀氏(國學院大学客員教授)が『神々の原像』(吉川弘文館　平成一二年刊)の中で、人身御供の視点で見付天神裸祭の行事を見ると注目すべきものがあると言っている。

暗闇の中での御斯葉下ろし《みしばお》の榊を立てることが白羽の矢を、暗闇の中での神輿の疾走が人身御供の運搬を、各々連想するのでは、というのである。

江戸時代後期、宿場町として栄えた見付では人身御供伝説が語られ、悉平太郎の霊験が人々に強く意識されていた。この宿場には見付天神裸祭という奇祭があり、他地域では見ることができない独特な内容をもったもので、その名は世間に響き渡っていたようだ。

明治近代に入り、裸祭の起源を悉平太郎伝説に求めるようになり、いつしか人身御供の恐怖から救われた見付宿の人々の喜びの踊りが鬼踊りだという伝承が生まれてきた。伝統的な宿場をあげての祭礼と霊犬伝説とが結びついていったのは当然のことなのだろう。

(見付天神裸祭保存会)

宵の祭と夜中の祭

明治時代の文献で、それまで江戸時代の文献でははっきりと記録されていなかった「宵《よい》の祭」と「夜中の祭」の内容が記されているのが、『風俗画報』の一七〇号（明治三一年）に載った神村直次郎の「遠江国見付矢奈比売神社祭典次第」である。神村は磐田尋常小学校校長であった人物である。

この一文には、腰蓑《こしみの》を纏《まと》った男たちが万燈《まんとう》を先頭に「数団（＝梯団《ていだん》）」となって拝殿に出向き、これを一周して帰る宵の祭と、月が入るのを合図に各町が拝殿に集まり、鬼踊りが行われる夜中の祭りとが明瞭に記録されている。裸祭保存会が平成二一年に刊行した『裸祭の記録』にも「以前の裸祭」として記されている昭和三五年までの祭りが、明治期にどのようなものであったかを知ることができる。現在の裸祭の梯団の運行や諸行事が、その本質を変えずに現在の形に引き継がれているのかをよく確認できる文献である。なお、神村は裸祭の縁日の名物に粟餅《あわもち》と生姜《しょうが》があったことを記録している。

貴賤上下の別ち無く

明治三六年『風俗画報』二七六号に芝山道人が書いた「遠江国見付駅の祭礼」に、次のような一文がある。「裸体に腰蓑といふ出立ちなれば、貴賤上下の別ち無く、誰にても供奉の出来る事故に、非常の賑ひを致せるなり」。つまり裸に腰蓑姿であるため、貴賤《きせん》や身分の上下関係はなく平等で、誰でも参加できるということで、大変な賑わいになっている、という。見付に住む人の心意気が感じられる一言である。裸に足袋《たび》、草鞋《わらじ》、褌《ふんどし》、晒《さらし》の腹巻、そして手拭い一本である。この姿からは、参加する

山中共古と見付天神

見付天神裸祭について、明治時代に記録された文献を見てみたい。見付教会牧師であった山中共古が記録したものと、明治期の全国的なグラフ雑誌『風俗画報』に載せられた三本の裸祭の案内解説文である。

一つは、人身御供伝説と裸祭の関係である。これは読者の中にも興味を持たれている人が多いであろうが、果たして裸祭は、人身御供としっぺい太郎伝説から起こったのかということである。

裸祭が八月一〇日の夜に行われるようになったのは、この夜白羽の矢が立った家の娘を矢奈比売の神前に供えていたからという。そして、しっぺい太郎（早太郎）という信濃国の光前寺の犬が、人柱を食らう怪獣を退治したといわれている。

明治四一年『風俗画報』に淡遠小史なる人物が「見付天神の裸体祭」という一文を寄せている。この文には、裸祭が人身御供の犠牲を捧げる行事、八月十日（裸祭の夜）に「小娘を白木の櫃に入れ」て神前に供える「昔時人身御供」から行われるようになったことが記されている。初めてこのことが明記された文であると言っていいだろう。

山中共古が描いた浜垢離の屋形船

この筆者は、袋井のニコライ教会の宣教師であった岩田孝友であったことが分かっている。岩田は人身御供から裸祭が起こったことを記す『都の錦』なる文を引用しているが、この文は今に伝わらない謎の書である。

　青島常盤氏によれば、『都の錦』は「岩田の創作した偽書である可能性が高い」という。この文が世に出るまで、裸祭と人身御供とを明確に結びつけることはむずかしかったのかもしれない。

　明治時代の文献で貴重なものに、山中共古が明治四〇年に記した『見付次第』がある。裸祭のオミシマサマ、浜垢離、鬼踊り、神輿渡御などの明治期における記録として、その詳細さからも、行事の内容を知るには重要な記録の一つである。

『見付次第』には「人身御供の伝説は諸国に有るものにて、それがこの裸祭に関係せるものとも思われず」と、岩田の『風俗画報』への寄稿文を意識してか、裸祭と人身御供伝説の関係を否定する書き方をしている。

山中共古がいかなる人物であり『見付次第』の内容がいかなるものであったかは『見付次第／共古日録抄』（二〇〇〇年　遠州常民文化談話会編）を参照してほしい。

（中山正典）

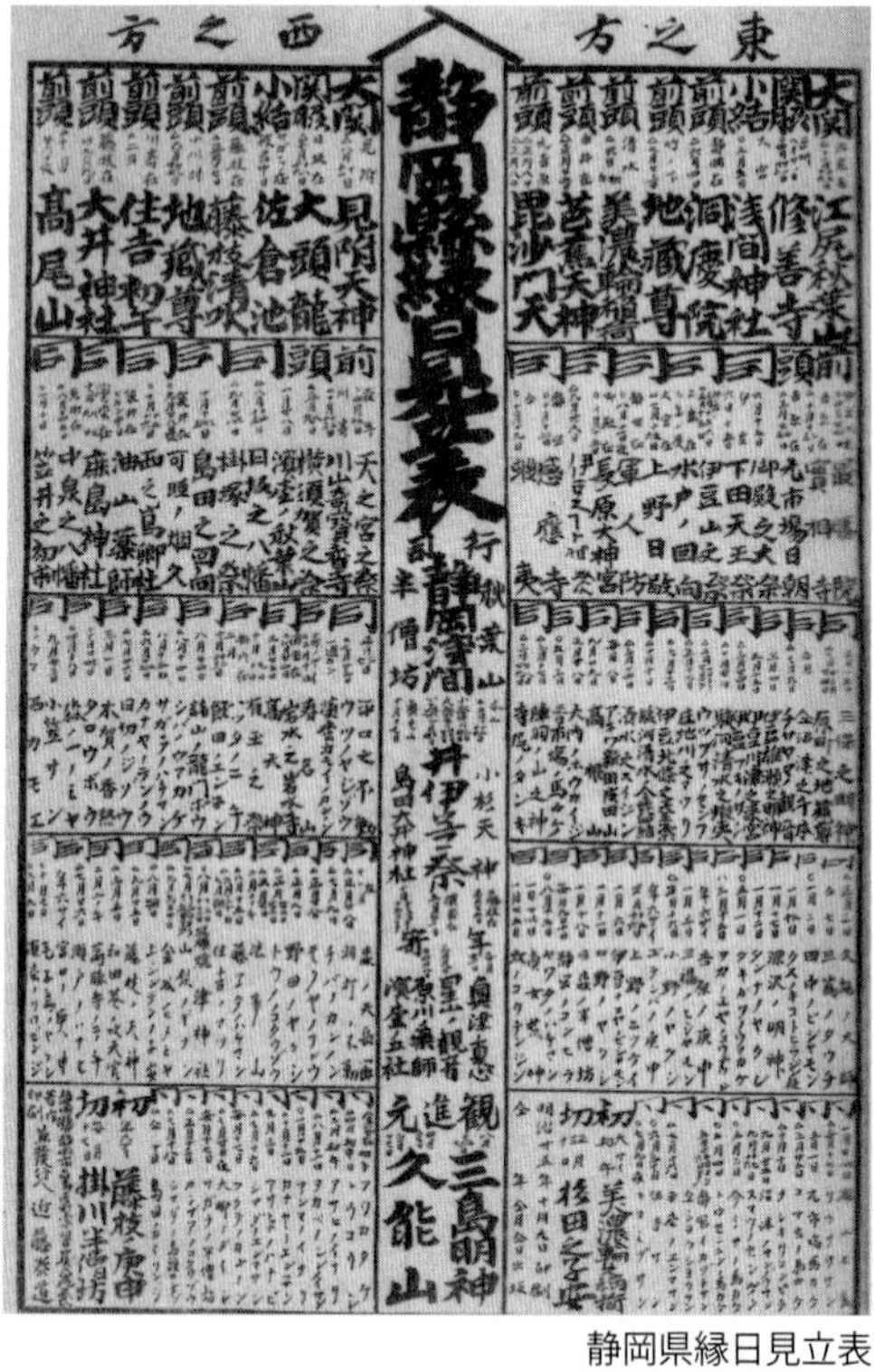

静岡県縁日見立表

ものに貴賤はなく、みんな平等である、という考えが示されている。みんな同じ、みんな一緒であることが裸祭の活気に、賑やかさに、多くの者が参加する熱い思いに繋がっている。

静岡県縁日見立表

裸祭の直接的な文献ではないが貴重な資料の一つに「静岡県縁日見立表」（明治二五年刊行、『土のいろ』第十二巻所収）がある。刊行当時の静岡県内の著名な縁日が相撲の番付表の形で挙げられている。当時大勢の参拝客で賑わった祭り、縁日が見えるが、現在の祭りの賑わいとは様相を異にしていて興味深い。県内の東の大関が「江尻秋葉山」（静岡市清水区江尻の秋葉神社の祭礼）であり、西の大関が旧暦八月一〇・一一日の「見附天神」の祭りであった。大相撲において横綱は明治四二年（一九〇九）から相撲取りの最高位に位置付けられ制度化されたが、この番付表を作った明治二五年では大関が最高位であった。それも県内を東西に分け、西の大関であったことで、この当時では静岡県の西部において最も賑わった祭り・縁日であったことが分かる。なお、この見立表の行司《ぎょうじ》は、秋葉山本山、静岡浅間神社、半僧坊《はんそうぼう》（浜松市北区引佐町奥山の方広寺）であった。

二　以前の暦日

以前の裸祭とは

「以前の裸祭」とは、①大祭が宵の祭と夜中の祭に分かれていて、総社《そうじゃ》への神輿《みこし》渡御《とぎょ》が終わると午前四時を過ぎていた時代（昭和三五年まで）②浜垢離《はまごり》に屋形船を仕立てて行っていた時代（昭和二八年まで）③大祭一日目が旧暦の八月一〇日であり、祭りの始めである御煤採《おすすとり》が八月一日であり、旧暦に従って裸祭を行っていた時代（昭和三五年まで）―の祭りを示す。①②は内容的な大きな変化であり、③は日程的な変化である。

ここでは、日程的な変化も踏まえながら、特に内容的な変化について、現行の祭と違っていたところについては詳述する。

以前の裸祭の暦日　矢奈比売命《やなひめのみこと》神社には大正五年三月に記録された『例大祭　祭儀次第書　附祝詞』があるが、この記録の冒頭に以下の目次がある。

一　御煤採　　旧暦八月一日
一　祭事始　　旧暦八月二日

一　浜垢離	旧暦八月七日
一　御池清祓	旧暦八月九日
一　幣帛供進使参向祭	旧暦八月十日
一　遥拝所及境内社祭	仝　日
一　清祓	仝　日
一　御神霊移御祭	仝　日
一　渡御奉告祭	旧暦八月十一日
一　山神社祭	仝　日
一　淡海国玉神社本殿祭	旧暦八月十一日
一　御神輿前祭	仝　日
一　御巡幸奉告祭	仝　日
一　御旅所祭	仝　日
一　還御後本殿祭	仝　日

※仝は同の意味

祭事としては、既述のように日程のずれはあるものの、現在とほぼ同じことが行われていたことが理解できる。

暦日の変化　日程的な変化は、昭和三五年より、「旧暦の八月一〇日の直前の土・日曜日」としたこ

見付天神裸祭の日程

日付	時間	場所	内容
前の週の土曜日	午前中	見付天神	御煤払
前の週の日曜日	午前中	福田の海岸	浜の掃除
	午前中	見付天神拝殿	輿番による神輿の装飾
	14:30	見付天神拝殿	元天神社出向奉告の神事
	15:00	元宮天神社	元天神社祭、祭事始　15：00　煙火１発
	18:00	見付天神拝殿	先供の日待ち
	22:00	見付天神	ミシバオロシ　22：00 煙火１発
大祭の３日前	8:30	鳥居跡前	小祓い渡し
	9:00前後	見付地区	浜垢離へバスで出発
	10:30	福田の海岸	松原の神事
	続いて	同所	浜の神事
	続いて	同所	宮司、神職、先供、輿番、各祭組の参加者が禊をする
	続いて	同所	浜遊び
	夕刻	見付地区	各町がお礼参り
大祭前日	20:00	見付天神	御池の清祓い
大祭１日目	0:00～	見付天神拝殿	各町の御神酒献上（半返し）　6：00　煙火２発
	10:00	見付天神拝殿	矢奈比売神社例祭　10：00　煙火１発
	16:00	見付天神拝殿	浦安ノ舞奉納
	16:30	見付天神遥拝所	遥拝所祭
	続いて	氷室神社	氷室神社祭
	17:00	見付天神祓所	輿番清祓
	18:00	見付地区	子ども連出発　18：00　煙火１発
	19:00前後	見付地区	町内回り、刻限触れ、ワタリツケ
	21:00	見付地区	各町の練りが動き出す
	21:00	見付天神拝殿	御神霊移御祭
	23:00	見付天神拝殿	西区梯団の堂入り
	23:20	見付天神拝殿	西中区梯団の堂入り
	23:30	見付天神拝殿	東中区梯団の堂入り
	23:40	見付天神拝殿	東区梯団の堂入り
大祭２日目	0:00	見付天神拝殿	〆切（元門車）の堂入り
	続いて	見付天神拝殿	渡御奉告祭
	0:10	山神社	山神社祭
	0:30	見付天神	神輿渡御出発　0：30　煙火３発
	0:45	淡海国玉神社	舞車の御神酒献上　0：45　煙火１発
	続いて	淡海国玉神社	神輿着御祭
	続いて	淡海国玉神社	腰蓑納め
	10:00	淡海国玉神社	浦安ノ舞奉納
	13:00	淡海国玉神社	御神輿前祭
	14:00	淡海国玉神社	淡海国玉神社本殿祭
	16:30	淡海国玉神社	御神輿還御奉告祭　16：30　煙火１発
	17:00	淡海国玉神社	神輿還御出発　17：00　煙火１発
	続いて	見付地区	根元車御神酒献上、龍陣御神酒献上、境松御旅所祭、眞車御神酒献上、三本松御旅所祭
	19：30前後	見付天神	御神輿還御・霊振　20：00　煙火１発
	続いて	見付天神拝殿	御神霊移シ・還御後本殿祭

より起こっている。この日程の取り方は、平成二〇年を例にとると、以下のようになる。

この年の旧暦八月一〇日は現在の暦上では九月二八日になる。九月二八日は月曜日なので、その直前の土・日曜日とすると九月二六日（土）、九月二七日（日）となり、九月二六日が大祭一日目、二七日が二日目となる。なお、以前の裸祭は旧暦の八月一〇日を大祭一日目にしたことから、平成二〇年は、以前の裸祭の暦より二日早く行われたことになり、この暦上のずれは、現在の祭りにおいてはほとんど意識されることなく、不都合であると感じる者もあまりいない。

八月一〇日に祭礼がある事例は全国でも少数であり、この日が民間信仰上、特別な祭祀の日ではなかった。ただ、全国の祭礼の事例を瞥見《べっけん》すると、千葉県安房《あわ》神社の浜降《はまお》り神事が八月一〇日に行われていることが取り上げられる。浜降り神事は南日本から北関東、南東北まで全国に数多く分布する祭礼である。裸祭の浜垢離はその一つと考えられる。しかし、安房神社の浜降り神事は元来九月二八日に行っていたという伝承があり、八月一〇日は戦後に変更されたもので、ここでも八月一〇日が特別な祭祀の日ではなかった。

旧暦を守る理由

裸祭において大祭の日を旧暦の八月一〇日に行う理由を二つ挙げることができる。

神輿渡御と月の満ち欠け（盈虚《えいきょ》）の関係　見付天神裸祭において、矢奈比売神社から淡海国玉神社《おうみくにたまじんじゃ》までの神輿の渡御は真の暗闇の中で行われなければならない。これは現在でも厳格に行われていて、ごく限られた祭事上必要な灯火五つ以外は一切認められず、全ての電灯は消され、暗闇の中を神輿は渡御する。月明かりも一切ないことが守られてきた。裸祭において、月松社《げっしょうしゃ》（中央町）の裸衆が動き出すことにより、夜中の祭りが始まる。この夜中の祭は、矢奈比売神社から淡海国玉神社まで渡御する神輿に付き従うために、裸衆が天神社の拝殿に結集する。夜中の祭の始まりを決めるのは月松社の役割で、只来坂《ただきざか》上から見て山の端に一〇日の月（上弦の孕《はら》んだ月）が沈んだのを確認して動き出した。一〇日の月は、この只来坂上辺りでは午前二時過ぎに東の山の端に隠れる。

また月松社は、宵の祭りの開始についても、一〇日の月が只来坂上にあった松（現在は枯死し撤去されている）の決まった枝に掛かったとき、動き出した。月松社の裸衆の動きによって宵の祭りも始まった。

浜垢離の屋形船と干満の潮流の関係　潮の干満と月の運行は関係があることは周知の事実であるが、旧暦の八月七日の干満の潮位は、浜垢離の際に屋形船を航行させるのに大きく関係していた。今回の聞き取り調査においても、浜垢離に屋形船を仕立てて行っていた頃のことを聞くと、殆どの古老より、午前中、今ノ浦川を下って福田へ行くときは、干潮時期にあたり、潮位の影響を受ける今ノ浦川は丁度良いように川下に向って流れていく水流に乗れた。また、午後三時過ぎには潮が満ちてきていて、帰途、川下から上流にある見付に帰るには潮位が満ちてきて航行に都合よかったという。旧暦の八月七日は今ノ浦川下流では午後一時から二時頃が最低潮位でここから潮が満ちる。この潮流を利用しての屋形船の航行であった。

この二つの理由によって、裸祭が八月一〇日になったとは明確には言い切れないが、大祭の日を八月一〇日にすることを守らざるを得ない大きな理由であったことは確かである。

三　『祭儀次第書』と以前の裸祭

大正五年『祭儀次第書』

『例大祭　祭儀次第書』の記録を確認した後、聞き取り調査の結果を用いて、「以前の裸祭」の内容を確認していきたい。この『例大祭　祭儀次第書』は、大正五年三月に調査され、記録されたもので、「県社矢奈比売神社」の名の下に記され、実際は「社掌　川出新一郎」氏が書き記した。川手新一郎氏は、大正年間から見付天神社の神職を務め、戦中から戦後にかけては宮司を務め、昭和二八年宮司在職のまま六四歳で逝去している。これを記した大正五年当時二七歳であり、見付天神社に奉仕し、逝去するまで裸祭に神職として関わり続けた人であった。

現在でも川出氏が記録した『例大祭　祭儀次第書　附祝詞』は、神社において神事を確認する大切な典拠《てんきょ》になっている。伝承からも昭和二八年に川出氏が死去する頃まで、この次第書に書かれていることを守り、辿《たど》りながら裸祭の祭事は行われた。

この書の中で用いられる「社司」は現在の宮司に、「社掌」は神職に、そして「社丁」が先供《さきとも》に相当する。現在の輿番《こしばん》は「輿丁」と記されている。社丁が先供に相当するとしたのは、例えば松原の神事において、「社掌命ノ魚ヲ撤ス　社庁之ヲ渚ニ放ツ」とあり、現在でも神職が撤饌《てっせん》して後、先供が命《め》の魚《うお》を放生《ほうしょう》しに命ノ魚が入った桶《おけ》を担《かつ》ぎ出し、放生して来ることからも、間違いないであろう。ただ、この大正五年の頃の社丁の役割は現在の先供に比べると小さくなっている。それについては、先供の先代世話方であった鈴木暁二氏が、先々代の世話方鈴木卯喜三氏から伝え聞いたこととして、太平洋戦争中に神社が大祭の種々の役割が果たせず、先供がこのとき多くを担うようになったと語っている。

大正五年三月誌　社掌　川出新一郎

（一）御煤採　旧暦八月一日

当日早旦社司社掌出頭社丁（三名）引具シ

御大祭ニ付御煤採奉仕ノ由奉告ス（口語）

御本殿内ハ榊之枝ニテ掃ヒ幣殿以下ハ青竹ニテ掃フ

奉仕後奉告ス（口語）

神饌八ツ足机一台　酒、魚

（二）祭事始　旧暦八月二日

当日社司社掌出頭

向拝以下門榊用意ノ事

各字ニ祭典通知ノ事

買物帳（御大祭）用意ノ事

午後四時元天神旧社地ニ出向ス　　社掌又ハ社司

先社掌一名狩衣ヲ着ケ社丁引具シ幣殿着座
次　元天神出向奉告（口語）
次　出発
次　旧社地着
次　修祓
次　榊納メノ行事アリ
次　献饌（元天神氏子ノ献納ニヨル）
次　祝詞奏上
次　玉串ヲ奉リ拝礼
次　元天神氏子拝礼
次　撤饌
次　拝礼畢リテ出立
次　帰社　幣殿着座
次　奉告祝詞（口語）
次　退下

用意　御饌米三升位

榊　一　二尺位紙垂八垂半紙六ツ切、八枚重ネ

大麻　一　半紙四ツ切八垂
玉串　一　半紙四ツ切四垂
門榊、十五神籬用、紙垂、障子紙四ツ切、四垂
夜半過午前二時　半紙四ツ切、二百枚程用意
社司社掌拝殿着座（狩衣）榊番着席
予メ拝殿按上ニ榊ノ枝に木綿取垂タルモノ十五本用意
先社司御斯葉下出向奉告祝詞ヲ奏ス
次　社掌一名召立文ヲ読上ゲ一名榊を執リ榊番ニ渡ス（榊番ハ氏子御道具連中ヨリ抽籤ニテ定ム）
次　火廻リ出向ス（御道具世話人之ニ当ル）
次　出向　社掌一名若クハ二名先登ス（場合ニヨリテハ出仕ヲ以て代ル事アルベシ）
次　社司社掌退下
榊ヲ納ムル箇所及員数
一　社務所門　一
二　大鳥居　二

三　井戸　一

四　愛宕下　一

五　元門　二

六　三本松御旅所　一

七　東坂梅ノ木　一

八　総社ノ門　一

九　西坂梅ノ木　一

十　川原ノ角（入口）　一

十一横町（橋南）　一

十二境松御旅所　一

十三中泉町境　一

以上十三ヶ所　十五本

外ニ白米少々

（三）　浜垢離　旧暦八月七日

当日社司社掌及雇員社丁氏子総代祭典係出頭

午前九時

先浜垢離出向奉告ス（口語）

次　社司以下出向（川尻乗船場ニ乗船）

用意品

一　鉾　　　　　　　　　一　榊、竹、紙垂、障子紙二ツ切

一　大榊　　　　　　　　一　紙垂、美ノ紙全紙八垂三二枚

一　大麻二本　切麻　小祓串紙垂二枚垂三十二切五十本　玉串四本

一　神饌（御饌櫃共）二回献饌分　米、酒、魚、塩、水

一　命ノ魚（此ハ中大原ニ於テ求ムル例ナリ）

（イ）浜松原放生会祭

次　福島村中嶋ニ着船陸（社司以下装束ヲ著ク）

次　松原ニ至リ所定ノ位置ニ鉾ヲ建テ北面シテ社司以下着席　（立礼）

次　社掌以下新鮮ヲ供ス

次　社掌命ノ魚ヲ供ス

次　社司祝詞ヲ奏ス

次　社司玉串ヲ奉リ拝礼　社掌以下列後列拝

次　社掌命ノ魚ヲ撤ス　社丁之ヲ渚ニ放ツ

先供の役割

先供は正式には「矢奈比売神社御輿御先供係」と呼び、江戸時代から明治時代にかけ、神社に神輿のお道具（御弊、弓、矢、太刀など）を奉納し、神輿の渡御還御の時に自ら奉納したお道具を持ってお供したことに始まる。そのため「お道具持ち」とも呼ばれる。

なぜ、「先」供なのか?それは、巡幸の際に神輿の前（先）でお供をするからである。

先供の役割は、神輿の道具持ちの他、大祭一週間前の祭事始から還御まで、すべての神事に参加し、神職のサポートや進行役として、しきたりを守りながら奉仕をすることである。

先供は、代々世襲で受継がれる。時代とともに先供の人数が減り、一時は一人でいくつものお道具を持ってお供することもあり、親戚やお祭りに熱心な人へ代わりの奉仕を依頼して来た。その人たちも永年奉仕したことで、自らお道具を奉納し、現在では全員が生粋の先供として奉仕している。

祭事始の夜のミシバオロシでは、御饌米を包み、町内一三ヵ所に立

てる一五本の門榊を持って走る。浜垢離の前に行う松原の神事では神職とともに先供、総代、輿番が参列し命之魚（めのうお）を放す。大祭前日の御池の清祓では、境内、参道を祓い終わった榊を中川まで流しに走る。

大祭当日は、神輿渡御の前に触れ流しのための触榊を一番触、二番触、三番触に渡す。そして、お道具を持って渡御のお供をする。大祭二日目は、還御のお供をする。還御の行列は、先導の先供世話方に続き、赤丸高張提灯一対、猿田彦、大太鼓。その後ろに、先供が持つ大榊、黒長幣、白長幣、黒幣、杖、弓、矢、太刀の順でお道具が続く。お道具のうち、杖の先端には麻の房があり、街道の人はこの房に触ると厄落としになるという言い伝えがある。

（先供世話方　鈴木哲男）

次　社司以下拍手退下

神饌　八ツ足机二台　　米、酒、塩、水　　以上

（ロ）海浜修祓

予メ海ニ面シ大榊ヲ樹テ其前ニ荒薦ヲ敷キ大麻、切麻小祓ヲ備フ

先社司社掌以下着席

次　副斎主迎神ノ詞ヲ奏ス

次　社掌以下神饌ヲ供ス

次　社司祝詞ヲ奏ス

次　社掌一名大麻ヲ執リ一名切麻ヲ執リ参列ノ諸印ヲ祓フ　先神職次参列員次列員次社丁等

次　社掌祓具氏を頒ツ

次　社司以下一同祓串ヲ以テ身体ヲ祓フ

次　社掌以下神饌ヲ徹ス

次　副斎主昇神ノ詞ヲ奏ス

次　一同拍手退下

右終リテ一同海ニ入リ身滌ス

此時小石十二ケ、砂、及反海水ヲ汲ミ取ル事

畢リテ帰途ニツキ中島ヨリ乗船川尻ニ上陸
午後一同帰社
(四) 祭典準備　旧暦八月八日、九日
浜垢離ヨリ社司社掌社務所ニ忌籠ル
此間御本殿御装飾、祭具、舗設準備等ヲ為ス
(五) 御池清祓　旧暦八月九日
午後九時
予メ御池ノ中央に榊ヲ樹テ案ヲ据ヘ神饌神符ヲ備ヘ大麻塩湯ヲ用意シ庭燎ヲ焚ク
先社司社掌氏子総代社丁等着座
次　社司清祓詞ヲ読ム
次　社掌一人大麻ヲ執リ一人塩湯ヲ執リ社丁一人砂ヲ執リ御本殿階下ヨリ社殿内及境内隅ナク浄メ大鳥居前ニ至リ終ル　大麻塩湯ハ社丁之ヨリ中川ニ棄ツ
次　社司拝礼
次　神饌神符ヲ撤シ一同退下
是ヨリ神符ヲ御本殿内ニ納メ社司ノ祈念アリ
(六) 御大祭　旧暦八月十日十一日
(イ) 各町御神酒奉献

十日午前二時以降各町ヨリ御神酒ノ奉献アリ
此時御榊ヲ授ク

（ロ）幣帛供進参向祭
午前十時三十分
先　社司以下着座
次　幣帛供進使参進　社務所前ニテ手水ノ儀アリ
次　幣帛供進使着座
次　御幣物辛櫃ヲ指定ノ場所ニ置ク供進使随員副フ
次　社司諸事弁備セル由ヲ供進使ニ申ス
次　社司御扉ヲ開キ側ニ候ス　此間奏楽
次　社掌以下神饌ヲ供ス　此間奏楽
次　奉幣司奉幣行事
次　社司祝詞ヲ奏ス
次　供進使随員御幣物ヲ辛櫃ヨリ出シ
　　仮ニ案上ニ置ク　案ハ予メ指定ノ場所ニ置ク
次　社司御幣物ヲ奉ル
次　幣帛供進使祝詞ヲ奏ス

次　供進使玉串ヲ奉リ拝礼　玉串ハ随員之ヲ附ス
次　供進使随員拝礼
次　社司玉串ヲ奉リ拝礼　玉串ハ社掌之ヲ附ス
次　社掌以下拝礼
次　参列者玉串ヲ奉リ拝礼
次　社掌御幣物ヲ撤ス
次　社掌以下神饌ヲ撤ス　此間奏楽
次　社司御扉ヲ閉ヂ畢テ本座ニ復ス　此間奏楽
次　社司祭儀畢レル由ヲ供進使ニ申ス
次　一同拍手後退出
　　以上

祭祀前神職ノ修祓ヲ行フ
予メ祓所弁備
先社司以下着座（立礼）
次　社掌祝詞ヲ読ム
次　社掌大麻ヲ執リ一人塩湯ヲ執リ神饌及社司以下ヲ祓フ
次　各退下

（一）御本殿神饌　三方九台
和稲、荒稲、酒、餅、水鳥、海魚、川魚、野菜、海菜、果、干菓、作菓、塩、水
等
（二）東相殿神饌　高案七台
鳥ヲ省キ外御本殿ニ仝ジ
（三）西相殿神饌　大三方壱台
米　三、餅　三、酒　三、魚　三
（四）大三方二台
作菓
以上
供進使参列行列次第
警官、仝、警部、社掌、仝、御幣物、供進使長柄傘随員
町長、氏子総代、参列員、警官
以上
（八）遥拝所及境内社祭
午後二時
（一）遥拝所祭　社司社掌奉仕

神饌　大三方二台

米酒　餅酒　魚　仝上

（一）氷室神社祭　仝　上

神饌　三方一台

米酒　餅　酒　魚

（二）清祓

午後九時乃至十時

予メ按ヲ設ケ神饌ヲ供シ大麻塩湯ヲ用意シ庭燎ヲ焚ク

先社司社掌、氏子総代　神輿丁等着席（立礼）

次　社司拝礼

次　社司祝詞ヲ奏ス　畢テ玉串ヲ奉リ拝礼社掌以下列後礼拝

次　社掌大祓祝詞ヲ読ム

次　社掌一人大麻ヲ執リ一人塩湯ヲ執リ一人散米ヲ執リ社司以下ヲ祓フ

次　社司拝礼

次　一同退下

以上

神饌　三方六台　米、酒、魚、野菜、磯物、塩、水等

（ホ）御神霊移御祭

午後十二時

予メ神輿ヲ幣殿中央ニ安置シ燈火ヲ滅シ御幕ヲ垂ル

先社司御神霊ヲ奉ジ神輿に遷座ナシ奉ル

次　御神輿ヲ装飾ス

次　社司以下着席　（立礼）

次　社掌以下神饌ヲ供ス

次　社司祝詞ヲ奏シ畢テ玉串ヲ奉リ拝礼社掌以下列後列拝

次　社司以下退下

以上

米、塩、水、酒、魚、野菜、磯物果物

神饌　八足机　四台

（ヘ）渡御奉告祭及山神社祭

午前三時三十分乃至四時

予メ社掌以下渡御供奉ノ用意ヲナシ前ニ奉レル神饌ヲ徹ス

先社司以下着席　（立礼）

次　社掌御神輿ノ周囲ニ十二ノ石ヲ置ク　石ニハ十二支

次　社掌神饌及稲穂籠ヲ奉ル
次　社司祝詞ヲ奏シ畢テ玉串ヲ奉リ拝礼
社掌以下列後列拝
次　社司八鈴ノ儀アリ　七五三
次　社掌神饌及稲穂籠ヲ徹ス
次　社掌神饌及シ稲穂籠ヲ徹ス
次　社司以下山神社ニ参進　社掌一人大幣ヲ奉ズ

以上

神饌　八足机　一台
米、水

稲穂籠
竹籠ノ四辺ニ榊ヲ樹テ木綿ヲ垂レ中ニ　草ヲ敷キ大豆、小豆、粟、穂ヲ土器ニ
盛ル

予メ山神社ヲ装飾シ神饌ヲ供シ庭燎ヲ焚ク
先社司以下着座　（立礼）
次　社司玉祓三本ヲ執リ左右左ト振リ之ヲ社掌ニ附ス
社掌之ヲ受ケ山神社殿ヲ祓ヒ火中ニ投ズ

次　社司散米ヲ執リ祓フ
次　社司祝詞ヲ奏ス　一番触　二番触　三番触ノ儀アリ
次　神輿出御
次　社司以下神輿ヲ奉送ス　社掌以下渡御供奉
次　神輿淡海国玉神社拝殿ニ着御
次　淡海国玉神社々司以下神輿ヲ装飾ス
次　御神酒ヲ奉ル
次　淡海国玉神社々司拝礼
次　一同退下
以上

神饌　三方　三台　米餅　酒魚　野菜
〃〃　〃〃
〃〃　〃〃　磯物

祓串　青竹長サ六七寸

二番触ニテ燈火ヲ滅シ三番触ニテ出御着御ト共ニ燈火ヲ復ス

（ト）淡海国玉神社本殿祭
予メ御本殿ヲ装飾ス
午前拾時三十分

先社司、社掌、町長、氏子総代祭典係り着席
　次　社掌以下神饌ヲ供ス　此間奏楽
　次　社司祝詞ヲ奏シ畢リテ玉串ヲ奉リ拝礼
　　　社掌以下座後列拝
　次　町長以下玉串ヲ奉リ拝礼
　次　社掌以下神饌ヲ撤ス　此間奏楽
　次　社司拝礼
　次　一同退下
　　　以上
　神饌　三方　六台
　　米、酒、魚、野菜磯物、作菓、塩水

（チ）御神輿前祭
　午後二時
先淡海国玉神社々司社掌町長氏子壮大祭典係着席
　次　社司拝礼
　次　神饌ヲ供ス　此間奏楽
　次　社司祝詞ヲ奏シ畢リ玉串ヲ奉リ拝礼

輿番の役割

輿番とは、大祭一日目の渡御と二日目の還御を勤める祭組、または、これにご奉仕する役の呼称である。つまり矢奈比売命の渡御還御の輿を担ぐお役のことである。現在、権現と東中区が隔年ごとに輿番の奉仕役を勤めている。

輿番は、長い歴史の中でいろいろな変遷があったと伝えられており、現在の二祭組においても、その従事者数や進行・方法等若干の相違がある。

輿役の人数は、渡御と還御によって違う。渡御では、輿脇から輿警固役を合わせて総勢五〇名ほど、還御では、諸役を合わせて総勢六〇名ほどになる。なお、輿役の行動はすべてが輿長の指示・号令によって進行する。

午後一一時頃、輿役は正装で輿会所に集合した後、東区梯団の進行をはかりながら見付天神に向かう。境内が鬼踊りの熱気と掛け声に包まれている中、六つ石辺りから一群となって駈け、一気に練りの中を拝殿奥まで入らなければならない。いかに灯りの中とはいえ、鬼踊りと化した裸衆を割って進むことは大変で、しかも裸衆と拝殿奥を仕切る太い丸木を乗り越えるのである。先に入った者に手を借りやっと奥に入ることができることもしばしばである。

その拝殿の中はと言えば、天井に取り付けられたスプリンクラーによる散水と熱気でむんむんと蒸し暑くなっている。そして、元門車の堂入りを期して行われる宮司、神職による渡御奉告祭はその祝詞が近くにいる先供や輿番にもほとんど聞き取れない。同じ拝殿内でありながら、丸木を境にした静と動のコントラストは、八日間にわたる祭事を凝縮したシーンと見ることもできる。やがて鬼踊りの掛け声や地団駄の音は最高潮に達し、深夜の見付に響き渡る。

山神社祭に続いて觸れ流しが始まる頃には、輿役は神輿出御に備えてそれぞれ準備に取りかかる。輿役の姿は、動きやすくするために白丁上衣の袖は肩までたくし上げられ、袴は股立ちに変わる。

各々は所定の位置について目を瞑りながら輿長の指示を待つ。境内が急に暗くなった時のために、輿警固役や綱引き役を始めとする輿従事者が暗闇にあらかじめ目を慣らしておく必要があり、輿役全員の神経を集中させることにもなるからだ。

二番觸れ出発の合図の煙火と共に境内および見付町内の灯りが消されるが、拝殿内は「お渡りとなれば裸祭が終わってしまう」という裸衆の思いがあって、掛け声や地団駄の音は境内を埋め尽くした観客の手拍子と一体となり興奮の坩堝となる。

真っ暗闇になった拝殿奥、輿役は輿長の「お発ち」の合図で一斉に神輿稟木をお抱い込みの形で持ち上げ、それぞれが一、二、三と数えながら呼吸を合わせて一歩前に踏み出す。輿役の全神経が一点に集中し、時が止まったかのように緊張する瞬間。興奮の坩堝と化した鬼踊りの真ん中を、綱引き役を先導に警固役に囲まれながら、まさに手探り状態で進まなければならない。輿番が最も危険を感じ苦労するのが、一分の隙間もない裸衆の中を拝殿床に触れんばかりに低くさげて鴨居をくぐらせる時だ。

神輿は松明の明かりに導かれながら境内を進み、お抱い込みのまま天神下までゆっくり下り、本通に出た所で一旦止まる。ここで、輿長の「お肩」の合図によって神輿を肩に担ぎ直し、暗闇の宿場通りを淡海国玉神社まで一気に駆けるのである。この時、並走する輿役の「オッシ、オッシ」の掛け声は、神輿の前後左右のバランスを保ち、担ぎ手の呼吸を合わせると共に、「頑張れ、もう少し」という励ましの声でもある。中川橋手前からのゆるやかな上り坂は、見た目以上の難所。肩の痛みは全身に伝わり始め、息がますます荒くなり喉が渇いてくる。「あと半分」と自分を励まし、一歩一歩足腰を踏ん張りながら走るうちに、総社参道入り口の舞車提灯を見つけた時はホッと一息つける瞬間。

そのまま総社に向かい庭燎の明かりの中、石段前で神輿をお抱い込みに替えてゆっくりと山門をくぐる。太鼓の連打に迎えられて拝殿に入り、西側に鎮座させ、飾り付けが済むと、舞車御神酒献上が行われ、神輿総社着御となる。輿役は無事のお勤めを喜び、それぞれの労をねぎらい「オッシ、オッシ」の掛け声も晴れやかに総社を後にする。輿番会所に戻れば祭組の人たちが総出で従事者を拍手で迎えてくれる。緊張の糸もほぐれて笑顔が溢れ、秋の訪れを感じる心地良い風に吹かれながら足取り軽く家路を急ぐ。

大祭二日目の夕刻、輿役はそれぞれ正装にて再び輿番会所に集合の後、早朝より城山中学校の生徒達によって美しく清掃された宿場通りを、綱の両側縦列になり「オッシ、オッシ」と駆け足で総社に向かう。総社周辺も、昨夜の喧噪とうって変わり、厳かな静けさに包まれている。神職による御神幸奉告祭が執り行われると、神輿は輿役のお抱い込みにより拝殿を出て鳳輦車に固定され、午後五時の煙火合図の後、総社出御となる。

一行は、先導役の御先供、根元車赤丸高提灯、猿田彦、大太鼓…稚児と続く行列となり宿場通りを西に向かい、加茂川交差点から只来坂を上り、境松御旅所で御旅所祭となる。しばしの休憩の後、来た道を戻るが、一行が加茂川橋にさしかかる頃には辺りも日が陰り始め、法被を着た各祭組の人たちが灯りのついた印提灯を歩道に一列に並べて行列を迎えてくれる。行列はお供が増えて、より長く賑やかになる。

宿場町通りから愛宕の坂下まで進んだ所で、輿役を始めとする男衆は神輿の前後に分かれ、愛宕の急な坂道を鳳輦車のギシギシと軋む音をうち消すかのように、全員が大きな掛け声を発しながら一気に登り切る。しかし休む間もなく一行は元の行列に戻り三本松まで向かう。そのまま御旅所祭を終え、ひと休み。稚児たちの和やかな談笑とは対照的、輿役面々は、はや神輿の振り込みに思いを巡らせているかのような気迫に満ち、一層力強く見える。

休憩後、今度は上った時とは反対に、愛宕の急坂を一歩一歩踵に力を入れながらゆっくりと下りる。日も落ちて二〇時近く、天神の森はすでに暗闇に包まれている。見付天神の赤鳥居をくぐった一行は、悉平太郎像の辺りで神輿を鳳賛車から降ろす。輿役はそのまま肩に担ぎ直して「チンヤサ　モンヤサ」とゆっくりした掛け声をかけながら六つ石まで進むが、ここから一転して掛け声は威勢よく「オッシ　オッシ」に変わり、石段前辺りから拝殿前まで埋め尽くされた観客を分けるように駆け上がる。

輿長を先頭にした輿役が拝殿前で止まると、一瞬の静寂を断ち切るかのように御神霊振（神輿の振り込み）が始まる。大祭二日間を締めくくる氏子たちのそれぞれの思いと一つになり、神輿を抱える手にさらに力が入る。観客の掛け声とともに霊振を続けた後、神輿は輿長の合図で肩に担がれ、そのまま拝殿を右回りに一周して拝殿前に戻った所で、肩から抱え直され再び霊振が始まる。「ヨーイショ　ヨーイショ」と一段と強く大きくなる掛け声は、静寂に包まれた見付の町に谺する。漆黒の闇のなか神輿に合わせて上下に揺れる印提灯の灯の美しさは、時空を超え幻想的な感動を生み出す。輿番は、振り込みが最高潮（約百回位）に達したころ、輿長の合図をもってこれを止め、高揚した勢いで神輿を祝詞殿に納めると、観客の盛大な労いの拍手に見送られながら、万感の思いを胸に見付天神を後にする。輿番の退出後には、拝殿内で宮司と神職による「御神霊移し」に続き、関係者一同による還御後御本殿祭が執り行われ、これをもって大祭を納めることになる。

（権現）

社掌以下座後列拝
次　町長以下玉串ヲ奉リ拝礼
次　神饌ヲ徹ス　此間奏楽
次　社司拝礼
次　一同退下
以上
神饌　八足机　六台
細目御本殿ニ仝ジ
（リ）御神幸奉告祭附御旅所祭及着御ノ儀
午後五時三十分乃至六時
先淡海国玉神社々司以下神輿丁着席　（立礼）
次　社掌神饌ヲ供ス
次　社司祝詞ヲ奏シ畢リテ玉串ヲ奉リ拝礼
社掌以下列後列拝
次　社掌神饌ヲ撤ス
次　社掌神宝執物ノ召立文ヲ読ミ一人之ヲ附ス
次　出御

次　神輿境松御旅所ニ着御
次　社掌御神酒ヲ供ス
次　社掌（社司）祝詞ヲ奏シ畢テ玉串ヲ奉リ拝礼
　　供奉ノ諸員列拝
次　社掌御神酒ヲ撤ス
次　出御
次　神輿三本松御旅所ニ着御
次　社掌御神酒ヲ供ス
次　社掌（社司）詞ヲ奏シ畢テ玉串ヲ奉リ拝礼
次　供奉ノ諸員列拝
次　社掌御神酒ヲ撤ス
次　出御
次　神輿矢奈比売神社幣殿ニ着御
次　燈火ヲ滅シ御幕ヲ垂ル
次　社司御神霊ヲ奉ジ御本殿ニ遷座ナシ奉ル
次　一同退下
　以上

神饌　八号机　一台　　酒、魚

（ヌ）還御後御本殿祭

先社司社掌町長氏子総代祭典係着席

次　社司拝礼

次　社掌以下神饌ヲ供ス

次　社司祝詞ヲ奏ス

次　社司玉串ヲ奉リ拝礼　社掌以下列拝

次　町長以下玉串ヲ奉リ拝礼

次　社掌以下神饌ヲ撤ス

次　社司御扉ヲ閉ジ畢リテ本座ニ復ス

次　一同拍手

次　直会ノ儀アリ

次　一同退出

以上

神饌　高案　六台

米塩水、酒、川魚、野菜、干菓、作菓、時菓

四　以前の裸祭の内容

（一）以前の浜垢離

ここでは、前掲の『祭儀次第書《さいぎしだいしょ》』（大正五年＝一九一六）の記述と見付地区の以前の裸祭経験者への聞き取り調査から、以前の裸祭において、現在と内容的に違っている点について記録する。時間の経過に沿って御煤採《おすすとり》から記すが、中心は、屋形船による浜垢離と宵の祭、夜中の祭りについての記述になる。

御煤採（旧暦八月一日）　現在も同様であり、御煤採は「御煤払」として祭事始の日の前日に行われている。

祭事始（旧暦八月二日）　祭事始の日の午後二時半より見付天神社拝殿において、元宮天神社出向奉告の神事を行って、元宮天神社へ向かうが、大正五年には神事を行わず、午後四時に元宮天神社で祭事が始まった。神事の内容は変わらない。「榊納メノ行事」が神事の中にあり、やはり元宮天神社には、神籬《ひもろぎ》となる榊を納めに行ったことが分かる。

御斯葉下ろし《みしばお》　現在は夜九時から行われるが、大正五年には午前二時から始まった。御斯葉下ろしはもともと午前二時頃から行われていたが、昭和三五年に宵と夜中の祭りが統合され、大祭の総社への神輿渡御が早く終わるようになった年から、夜一〇時に始まるようになった。一五本用意された門榊《かどさかき》が、見付地区内の一三カ所に立てられることは、現在と同様である。

以前の浜垢離（旧暦八月七日）　昭和二八年まで浜垢離へ、各町は屋形船を仕立てていた。昭和二九年より屋形船からバスに切り替えられ現在に至っている。浜垢離は、大祭の三日前に氏子たちが遠州灘に出て、垢離を取り戻ってくるという行事である。

各町は前日に川舟を、見付地区の南に位置する福田《ふくで》などから借りてきた。福田の料理屋、丸源が川舟を多くもっていたので、丸源から借りる町が多かった。福田の太田川等で用いられている伝馬舟《てんません》、砂利船等を借りてくる場合もあった。屋形船の仕立ては、旧暦八月七日の朝、各町の青年たちによって行われた。屋形の部分は、各町で分解して保管していた。朝、リヤカーに部材を積み込んで中川に係留してある川舟へ行って組み立てた。

屋形船の部材は、概略を示せば、屋根（唐破風）、柱、枠材、吊り障子、提灯、御簾《みす》、天幕、浜印《はまじるし》、船印等である。

屋形船　各町が屋形船を用意する場所は、中川橋（中川に架かる旧東海道の橋）より南で、中川（今之浦川）の左岸であった。中川橋の南に「ドンドン」とよぶ井堰《いせき》があり、これより南の、大穴の辺りから加茂川との合流地点辺りに係留する町が多かった。戦後、今之浦川の河床《かわどこ》が浅くなり、係留場所は徐々に下流へ移動していった。昭和二〇年代後半には大曲《おおまがり》辺りに係留した。一艘《そう》のやや大型の砂利船に屋形を乗せたり、または二艘の伝馬舟を横に連結してその上に屋形を載せる町も多かった。屋形は、幅一間、奥行き二間または三間の規模のものが大半であった。柱を固定、破風付きの屋根を載せ、市松模様の障子を取り付け、屋根の軒下に提灯を下げ、天幕を回し、御簾を掛け、舳先《へさき》に船印を立てた。船印は、祭組の名を刺繍で入れた羅紗《らしゃ》製の幟《のぼり》で、各町自慢の印であった。

屋形船には一〇〜二〇人ほどの大人が乗り込むことができた。概《おおむ》ね、各町の祭典役員、警固長と囃子方《はやしかた》が乗り込むことで一杯になった。屋形船に乗れない青年などは、歩いて、または自転車で浜まで行った。

お囃子 各町では、お囃子を浜垢離のために練習して備えた。戦前は各町、車輪のある岡曳《おかひ》きの屋台をもっている町はなく、お囃子の披露は、この浜垢離のときの屋形船の上に限られていた。各町では、独自にお囃子二〜三曲をもち、伝承していた。

加茂川通（元喬車）では「五郎」「元禄」「楠公」の三曲、河原町（龍陣）では「四丁目《しちょうめ》」「六法」の二曲、幸町（玄社）では「修羅八荒《しゅらはっこう》」「子守」「力士」の三曲、というように町独自に伝承する曲を大切にしていた。お囃子の楽器の構成は、標準的には大太鼓一、小太鼓二、小鼓二〜三、大鼓（オオカワ）一、笛一〜三、三味線一、鉦《かね》一であった。ただ、鉦、大鼓がない町内もあったし、輿番の権現町は三味線を入れなかった。三味線を除いて、他の楽器は全て町内の男が担当したが、青年が担う町が多かった。三味線は、芸者を当日だけ頼んで屋形船に乗ってもらった。

屋形船以外に茶舟を用意する町もあった。聞き取り調査では二番町、幸町などで茶舟を用意したという。二番町ではこの舟を「イモ舟」と呼んでいた。御馳走の里芋を乗せる船という意味であるという。伝馬船一艘を用意し、それに浜垢離の御馳走や蓆《むしろ》などの荷物を専用に載せる舟である。この茶舟は、町の屋形船に従うように付いていった。

二番町では浜垢離の朝九時に会所からお囃子方は隊列を組み、その後ろに町役、青年など浜垢離に行く者たちが従い、お囃子を奏しながら、船着場まで北井上小路を下りながら行進した。これを道囃子《みちばやし》と呼んでいた。お囃子方は、小太鼓二、大鼓二、小鼓五、笛五〜六、ドラ一、三味線二であり、大太鼓はない。大太鼓がないのは、この道行の際、大きくて叩けないため、昔からないと伝える。

屋形船の出発　早朝から屋形船を準備し、各町の屋形船が出発したのは午前一〇時前後であった。出発する順番はなかったが、宮司、神職、先供世話方、氏子総代役員を乗せた舟がまず出、その次にその年の輿番の屋形船が出、後は各町が次々と出発した。干潮の下流に向かう流れに棹《さお》さしながら下っていった。

宮司、神職たちが乗る舟は舳先に鉾《ほこ》を立て、大榊を載せ、神事に用いる用具類を載せた。この舟は必ず先頭でなければならず、この舟より先に下ることは許されなかった。宮司、神職たちが乗る舟は、中大原の大杉家が右手に見えたところで、右岸に舟を着け、大杉家が用意している「イナ」(命ノ魚)を貰い受ける。「イナ」は浜垢離の松原の神事で行われる放生会の魚である。イナはボラの幼魚である。現在ではイナといっても鮒《ふな》が提供されるが、昭和三〇年前後までは、オボコと磐田ではよばれるボラの一〇センチ前後の幼魚は投網《とあみ》で簡単に獲れた。磐田では出世魚のボラは、一〇センチ前後の大きさのものをオボコ、二〇センチ前後の大きさのものをニサイ、三〇センチ以上の大物をボラと呼んだ。オボコは今之浦でも獲れ、今之浦川にはよく群れていた。ニサイは太田川の河口付近でよく獲れた。ボラになると遠州灘で獲れるものだとされた。出世魚の幼魚を「命ノ魚」とよび、放生会に用いた。

各町の屋形船は、途中橋の下をくぐるのだが、橋桁《はしげた》が低い橋が幾つかあった。そこをくぐる時、乗っている者が柱一本に一人が取り付き、一斉に柱を倒して低い橋桁をくぐった。

船は今之浦川を、お囃子を奏しながら南下する。今之浦川は塩新田で仿僧川《ぼうそうがわ》と合流し、東へ川は屈曲する。屈曲した先に中島橋という木製の橋が架かっており、この橋の前後、右岸、左岸に適当な場所を選んで各町の屋形船は接岸した。接岸場所は各町により異なり、毎年同じ箇所に接岸するというルールがあった訳ではなく、中島橋近くに接岸するという暗黙の了解があった程度であった。

接岸する場所の西側には塩新田の集落があり、塩新田の人たちは浜垢離にお囃子を乗せた屋形船が来るということで、見物に川岸に出たという。ここに舟を置き、お囃子の楽器類も舟の中に置いて、浜印、御馳走、蓆等を持って歩いて遠州灘まで出た。昭和二〇年代では、中島橋から海岸までは九〇〇メートルほどの距離があった。

浜垢離からの帰路　遠州灘に出てからは、現在の浜垢離と同様の祭事があった。午後三時前後に舟に戻ってきた。旧暦八月七日のこの時刻頃になると、潮は満ち始めており、潮の干満の影響を受ける中島橋辺りでは、川が上流へむかって緩《ゆる》やかに流れ出している。この流れに乗って各町の屋形船は帰路に着く。

今之浦川を、ゆっくりお囃子を奏しながら上っていくと、左手に大原の田園地帯が広がる。農家の屋敷が点在しており、大原地区へ屋形船がさしかかると、家々から子どもや大人も手に新藁の束を持って、屋形船に近付いてくる。川岸より、藁束を差し出すと、屋形船に乗っている者がその藁束を受け取り、返礼に里芋を串に刺した御馳走を手渡す。里芋だけでなく、蒟蒻《こんにゃく》や竹輪が付いている串もあったという。この交換時に、見付の者は大原の者に向かって「ガニ穴やい」とからかうと、今度は大原の人たちが「アワモチやい」と言って笑いながらからかい合った。「ガニ穴やい」は、大原辺りの堤防にはカニの穴が無数に並んでいて、その穴からカニが出てきては引っ込む。その様子を想定しながらガニ穴のカニのようだとからかったという。この新藁は持ち帰って、各家で腰蓑と草鞋にした。旧暦の八月七日に新藁を用意することはむずかしく、この交換のために極早生《ごくわせ》を専用に作る農家も大原にはあったと聞く。

天狗松辺りから　屋形船の一群は、東海道線の橋桁をくぐり、左手に天狗松が見える辺りまで来ると、夕方の六時頃になる。旧暦八月七日の夕方六時だとまだ日も暮れておらず、天狗松でしばらく待機し、黄昏《たそがれ》を待つ。六時半を過ぎた頃、各屋形船は提灯《ちょうちん》に灯を点し、お囃子を奏しながら勢いよく見付宿に向かう。

夕暮れ時、見付宿の人たちは中川橋の上、または今之浦川の左岸伝いに下って行き、屋形船を見物しながら迎えに出向く。薄暗い川面《かわも》を提灯の灯りで映えた屋形船がゆっくり滑《すべ》るように遡《さかのぼ》って来て、その舟からお囃子が聴こえてきた。この幻想的な光景を多くの古老は、懐かしそうに語る。

お礼参り　各町は屋形船を降りて、各町に帰るが、この後に、お礼参りと称して見付天神へ青年を中心にして、浜垢離に持って行った浜印一本を持ち、町ごとに集団をつくって、参拝に出掛けた。この時、根元車、元喬車、龍陣、御瀧車、眞車では、屋形船の上部にコロを付けて、陸屋台のように引き回して、旧東海道の未舗装の凹凸のある道を操り、天神社下まで引いて行った。このコロは径一〇～二〇センチの小さなもので、屋形船の曳いていくには相当難渋したという。この屋台には人は乗れず、囃子方は屋台の外で歩きながら楽器を奏した。これらの町では、道中お囃子を奏し、他の町では青年が浜印を先頭に集団をつくってお礼参りに行った。屋形船を曳いてお礼参りに行かない町は、接岸したその場で屋形部分をすぐ解体し、リヤカーに部材を載せ、町に戻る。各町に戻って屋形船の部材等を片付けた後、見付天神へお礼参りした。

各町の小路から旧東海道へ出て、天神社へ向かい、拝殿を右回りに一周して帰って来た。途中、一番触《いちばんぶれ》の祭組は総社に寄って参拝してくるところもあった。各町へ戻るころは夜一〇時近くであった。

塔ノ壇へ遊びに行く　浜垢離の日、旧暦八月七日は、屋形船に乗って垢離取りに行く男だけが楽しみにしていた日ではなく、見付地区の人たちにとって待ち遠しい日であったと伝え聞く。浜垢離に行かない女性、年配者、子ども、男たちは、この日各家々で御馳走を作り、思い思いのところで日中、御馳走を食べ、談笑して過ごした。一番触、二番触の町内を中心に行った先は総社の裏山の塔ノ壇《とうのだん》であった町内が多かった。塔ノ壇だけでなく、明王寺《みょうおうじ》（河原町）、大見寺《だいけんじ》（二番町）、見付天神社境内、福王寺《ふくおうじ》（磐田市城之崎）、愛宕《あたご》さん（東坂町）などへ出向いて御馳走を囲んだ。町ごとに集まって行くのではなく、各家々が行く場所を選んで行った。「塔ノ壇へ遊びに行く」という言い方をした。行けば結局、塔ノ壇の広場では、町ごとに御馳走を開いて談笑する群れができたという。

この浜垢離の日から宮司、神職は神社に籠ることは、現在と同じである。

御池《みいけ》の清祓《きよはら》い（旧暦八月九日）　御池の清祓いは現在との違いはないと聞く。ただ、『例大祭　祭儀次第書』（大正五年）によると、今より一時間遅く、午後九時から行われていた。そして、境内を祓うものとして「大麻塩湯」を記している。現在は大麻と海水と砂である。大鳥居の前まで清めた後、中川へこの「大麻塩湯」を捨てに行ったと記されている。現在は大麻のみ中川へ捨てに行く。

大祭を通じて、小さい個別的な変化は追々確認するにして、以前の裸祭が現在の裸祭と大きく変化した点は次の二点である。

・以前の裸祭では、輿番町が「川浜」の祭事を行っていた。
・以前の裸祭では、宵の祭と夜中の祭が分離していた。

特に二点目の、宵の祭と夜中の祭が分離していたものが、一つに統合されたことは、大きな変化であり、ここに聞き取り調査により復元できる祭事を記録する。

輿番町の河浜《かわはま》　輿番は、権現町と東中区（地脇町）が現在では隔年交代でやってきたが、以前の裸祭は、権現町と地脇町との隔年交代であった。輿番を担う町の変遷の概略は以下のとおりである。近世において権現小路と御殿小路が合同で輿番を務めていたが、安政二年（一八五五）に権現小路と御殿小路が隔年で担当するようになり、明治一八年（一八八五）に御殿小路が輿番を地脇町に譲り、地脇町と権現小路の隔年交代になった。そして昭和三八年（一九六三）に地脇町だけでなく東中区全体で輿番を務めるようになり、現在では権現町と東中区との隔年交代になっている。

権現町と地脇町がこの隔年で輿番を務めていた頃には、「河浜」と呼ばれる輿番だけの禊が旧暦八月一〇日の午後に行われていた。権現町も地脇町も昭和三五年頃まで、つまり大祭が一つの祭りに短縮され、地脇町に代わって東中区全体で担うようになった時点で、この河浜を行わなくなった。ただ、現在でも輿番の清祓いは大祭一日目の午後四時三〇分から行っている（『祭儀次第書』によると、この日の午前九時三〇分に行われていた）。河浜は、権現町では太田川で、地脇町では今之浦の大穴で行っていた。

地脇町では、この日の午後二時に輿番が会所に集まり、褌を着け、白丁《はくちょう》姿で、隊列を組んで大穴へ向かった。四〇人を超える輿番全員が輿長を先頭に、今之浦川の右岸に出て南に下り、大穴の東側に出た。大穴の東岸に御神酒を半升撒《ま》き、褌一つで全員が大穴の水に浸《つ》かり、岸へ上がり、残った半升の御神酒を皆で分けて飲んだ。白丁を身につけ、輿長を先頭に会所に戻った。

同様のことを、権現町が輿番のときは、権現町の輿番が会所から隊列を組んで、旧東海道を東へ向い、太田川の三ケ野橋を渡り、太田川の左岸に出てそれより北へ五〇メートルの辺りで禊をし、河浜を行った。

（二）宵と夜中の祭

以前の裸祭　現在は、大祭一日目の夜九時に各会所を裸衆が出て行き、神輿の総社への渡御を終えて各町の会所へ戻ってくるのが午前一時頃であり、この間、四時間余りの間に祭りが一連に続き、一体化している。ところが、以前の裸祭（昭和三五年まで）では、各町の裸衆は一度会所を出て、総社、見付天神に参り、堂入りせずに一度戻ってきた。そして、未明二時過ぎに再び各祭組で隊列を組んで見付天神に向かい、今度は堂入りして鬼踊りをし、神輿の後に従って総社に渡り、その後各町の会所に戻ってきた。

先代の先供世話方の鈴木暁二氏は、宵の祭は、見付天神へ祭りのため参拝に行くものであり、夜中の祭は、神輿が見付天神から淡海国玉神社へ渡御するのにお伴するために行われるものであった、と説明する。

一番触の刻限触れ　以前の裸祭でも刻限触《こくげんぶ》れ・ワタリツケは、現在と同様、一番触、二番触、番外で丁寧に行われていた。昭和三〇年前後までの裸祭では、現在と経路、方法が若干異なる。

一番触の刻限触れは、各町おのおの町内回りと一番触内の他町挨拶《あいさつ》回りを行った。各町、順路も方法も異なった。各町の調査票で現在との違いが確認できる。ここでは、現在の裸祭の刻限触れで扱った幸町の、以前の裸祭における刻限触れやり方と経路を確認しておく。

刻限触れと呼んで、町内回りと一番触の各会所回りをした。夕刻の七時に会所を出発する。青年だけで行き、小学校高学年でも子ども連に出ずに刻限触れから大人たちに参加する者もいた。会所を出て、西へ向かった。梅社（梅屋町）の会所にまず寄って挨拶し、そのまま西へ向かって主要道路磐田天竜線に出、南下して龍陣（河原町）の会所へ。南へ向かい、西光寺の山門付近にあった元喬車（加茂川通）の会所へ、西木戸のところを東へ入り、一番触（一番町）の会所へ寄り、西ノ小路へ出て、西ノ小路の出口から旧東海道へ出、西へ向かい、最後に親町《おやちょう》の根元車（西坂町）へ挨拶して自町の会所へ戻った。現在は、幸町においては住宅街が北へ延びたためか、北へ向かうコースを取るが、以前の裸祭では、西へ向かい、左回りに各会所を回っている。青年と子供で行う刻限触れであった。

二番触のワタリツケ　二番触のワタリツケは二番町の動きで確認する。このワタリツケを始める契機は、一番触の練りが北井上の交差点を東へ横切ったときである。青年二〇人ほどで、ワタリツケに出、北井上小路を南に下り、新門の十字路をそのまま南に行って、まず天王の会所に行った。

そして戻りつつ南小路に出て、南小路から旧東海道に出て西進し、蔵小路を南に入って、元倉の会所に挨拶し、そのまま戻って旧東海道に出て東進。馬場町の会所に寄り、新門の十字路を経て、北井上小路を北へ上がり、会所へ戻った。コースが一番触の幸町と同じように、今と以前の裸祭とでは違う。基本的な回り方は変わっていないと言える。

番外のワタリツケ　番外のワタリツケは地脇町の動きで確認する。八時過ぎ最初に会所に来た青年を二人、警固長が指名してワタリツケの役を言いつけた。親町御瀧車（宿町）のワタリツケが来た後、青年二人のワタリツケが会所を出て、各会所を回った。二人は会所を出て、地蔵小路から旧東海道に出、西に向かって、清水小路を南に入り、清水町の会所で挨拶し、そのまま南に向かい、新通に出て、新通の会所に回り、そこからまた清水小路に戻り、旧中川橋を渡って中川の会所に回り、今之浦川の左岸の脇道を北に行って旧東海道に出た。旧東海道を西に向かい、親町の宿の会所を挨拶して自町に戻った。必ず親町を最後にするという。

宵の祭（一番触）　宵の祭の始まりは、昭和二〇年代になって、正確な時間で始めようとし、午後九

〆切の役割

〆切は最後に堂入りする二八番目の祭組、元門車の役目である。渡御の際に大鳥居付近で御輿の後を追う裸の群集が、御輿に不敬がないよう制止することで知られているが、出御の神事にもかかわっている。〆切の集団が神社に到着すると、矢奈比売神社の幣殿では出御のための神事、渡御奉告祭が始まる。〆切の榊は御輿が渡御する参道を清め、神域と現世を隔てる結界を切り、御輿が神社から出御することを促すとも言われている。

元門車は〆切のため、東区梯団から離脱し会所に戻る。会所では一息の休憩もないまま、〆切の準備にかかる。「天神社〆切」と記された黄色の襷と、神社から拝領した「矢奈比賣神社」の朱印が押された御幣をつけた榊が配られ、裸衆は襷を掛け手ぬぐいを頬かむりにし、榊を手に持って会所前で待機する。〆切の集団を指揮する〆切の長が手にする提灯が高くかかげられ、いよいよ出立である。

〆切の長の「行くぞ」の声に、裸衆が「オオ〜」と応える。会所番や町の人たちから「頑張れ〜」の声援が送られ、〆切の集団は威勢のいい掛け声とともに神社に向かう。山車の後には「〆切」と書かれた提灯を持つ〆切の長、両側には露払い役、さらにその後ろに榊を手にした裸衆が続く。一路、神社へ。榊は風になびいて揺れ、これを「お山が動く」と形容する古老もいる。

境内入口（旧大鳥居）付近で先供係と挨拶を交わす。ここで〆切を出迎える先供係は伝令も兼ね、挨拶を終えると〆切が到着したことを伝えるため社殿に戻る。

〆切の集団は大鳥居、赤鳥居をくぐり、六つ石へ。六つ石では〆切の提灯を大きく左右に振り、拝殿に〆切が来たことを知らせる。山車も六つ石の北東隅の石の上に立ち、〆切が来たことを伝えるため山車を回し「元門車」と書かれた背面を拝殿で見せる。山車は〆切の集団を見送り、会所に戻る。

六つ石、梅の木を抜け、いよいよ堂入りである。拝殿では鬼踊りが最高潮に達し、幣殿では出御のための神事が粛々と進められている。〆切の到着を知ったお堂の裸衆は足拍子で、境内にいる見物人も手拍子で〆切を迎える。拝殿を前に榊を持つ裸衆はますます勢いが増し、榊が大きく揺れる。気勢を上げる集団の前で、提灯を持つ〆切の長と露払い役は拝殿に向かい一礼する。〆切の長が提灯を振り堂入りの指示を出すと、榊を持つ一団は一斉に拝殿に駆け込む。最後の集団、〆切の堂入りである。

拝殿はますます勢いを増し、激しい鬼踊りが繰り広げられるが、〆切は引き波のように速やかに拝殿を退去する。拝殿にいる時間はわずか数分程度。〆切は一団となり、拝殿から後押し坂付近に向かい、次の御役目に備える。

激しい鬼踊りが行われている拝殿に堂入りした〆切は、速やかに拝殿を退去し、後押し坂付近に向かう。後押し坂付近に着くと、片手に榊を持った〆切の男たちは腰蓑を外し、参道の両脇に分かれる。先頭には「〆切」と記された提灯を持つ長が立つ。この提灯は御輿が通過するまで灯すことが許されている。

山神社で触れ榊を受けた（御輿の渡御を知らせる）一番觸が「いちばんぶれ～」と連呼しながら、〆切が待機する参道を走り抜ける。しばらくすると消灯を促す煙火が打ち上げられ、町中の灯りが消され、今度は二番觸が「にばんぶれ～」と連呼しながら走り抜ける。

御輿の出御の直前、漆黒の世界に包まれる中、最後の觸番である三番觸が、続いて先供と神官が通過する。御輿の行列を先導する先供の長は〆切の長に近づき「さきとも～」と、〆切の長は「しめきり～」と互いの役割を発声し、提灯の文字を見せ合う。行列からは「頼むぞ～」の声が〆切に掛けら

れる。

御輿を先導するかがり火の灯が徐々に近づき、大鳥居付近で消され、御輿がすぐそこに迫っていることがわかる。

いよいよ御輿の通過。御輿の後ろには、少しの間隔をあけ裸の男たちが続く。〆切の長が提灯の灯を消すと、これを合図に参道の両側に控えていた〆切の男たちは一斉に道に広がり、榊を振りながら裸の男たちと御輿の間に割って入る。裸の男たちを制止する〆切の一団と、御輿に続こうとする裸の男たちとの対峙が数分間続く。坂を下る裸の男たちの勢いに押されながらも、旧大鳥居までの境内で、榊を振り、スクラムを組み、御輿に不敬がないよう裸の群衆を制止する。この間、〆切の長は御輿が動き出すタイミングをはかり、頃合いを見計らって〆を解くことを命じる。

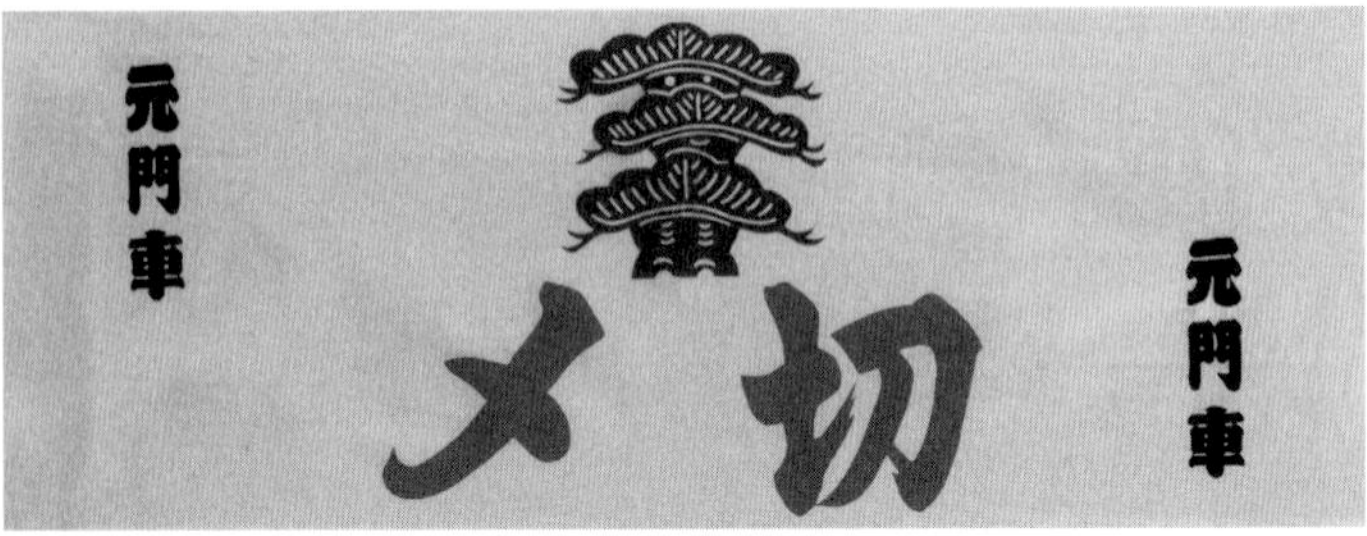

〆が解かれると裸の男たちは堰を切ったように一斉に総社へ向かう。今年の役目を果たした〆切は、裸の男たち後を追い総社に着くと榊を納める。

京都祇園祭には、前祭の山鉾巡行の先頭を進む長刀鉾が、八坂神社の聖域に入るため結界である注連縄を切る神事、稚児の「しめ縄切り」がある。裸祭の〆切にもこれと同じ意味があったと考えられる。「〆」は注連縄のことで、〆切とは神域と現生を隔てる結界の意味をもつ。

鎮魂のため激しく足を踏み鳴らす行為、大地を踏みしめる行為を反閇と呼び、鬼踊りや道中練りも反閇の一つであるとの意見がある。鬼踊りが最高潮に達し神社境内が清められた時、最後の集団である〆切が堂入りし、手に持つ榊で神社の結界を切ることで、矢奈比売神社の祭神の出御を可能としたのではないだろうか。

（元門車）

時の煙火《はなび》打ち上げを始まりとするとなっていったが、中央町（境松）の古老からの聞き取りからも、宵の祭の始まりは、一〇日の月が只来坂上にあった松（現在は枯死し撤去されている）の決まった枝に掛かった時に動き出したと伝える。境松（月松社）は、見付宿の南西にある丘陵上の集落であり、見付宿の南西端に当たる。ここでは月の運行を観察し、この境松の判断によって宵の祭が始まり、夜中の祭が始まった。

旧暦八月一〇日の夜九時頃、煙火が打ち上げられ、境松の裸衆が山車を先頭に只来坂を下る。境松の練りが山車を先頭にその後に裸の練りが続き、元喬車の会所の前を通るとき、元喬車の山車は境松の山車《だし》と裸衆の間に入り、境松の山車の後に続く。元喬車の裸衆は境松の裸衆が会所を通り過ぎた後、その練りの集団の後ろから加わり、一つの練りの集団になる。

この統合の仕方で、次に龍陣が姫街道との合流地点で加わり、梅屋小路から梅社が加わり、西坂が次に加わり、西ノ小路から一番町が加わり、玄妙小路から玄社が加わった。玄社が加わった辺りから、自然と練りの前締めができた。前締めは河原町の若者が中心になって組んだが、他町の者が入っても よく、屈強な青年が務めた。ここで一番触全体は、山車が境松（月松社）、元喬車、龍陣、梅社、根元車、一番触、玄社と並び、その後ろに七町の裸衆が一段となって練りを形成した。

なお、現在、境松のお迎えとして、西区の七町の代表が境松までお迎えに行くことになっているが、これは以前の裸祭ではなかった。先供世話方鈴木暁二氏によると、境松は太平洋戦後、裸衆がなかなか集まらず、どうしても練りが小さくなってしまった。そこで一番触では、只来坂を下る際に少人数というのも寂しかろうということで、各祭組から青年を数名ずつ祭が始まる前に境松に送り、一緒に只来坂を下りることにした。これが、現在西区の梯団で行っている境松のお迎えの始まりであるという。

宵の祭では、一番触の練りが形成された後、東へ向かい、まず総社に入った。拝殿前で練ることもなく、入口で前締めが解かれると、練りは自然に拝殿を右回りに回って旧東海道に戻った。旧東海道に戻ると前締めが居て、やはり山車の後に締めて練りが東へ進んだ。そのまま三本松へ上がり、三本松の御旅所で折り返し、愛宕さんの坂を下りた。

見付天神の後押し坂を上がり、六つ石あたりで前締めが解かれ、練りは拝殿を一周して後押し坂を下りる。下の大鳥居のあたりに前締めが用意されていて、そこで練りが整えられ、そのまま西進し、おのおの会所に戻った。一番触の大きな練りが西に進んでいく中で、各祭組は順次抜けていった。玄妙小路で玄社が、西之小路で一番触が、西坂の会所前で根元車が、姫街道との合流地点で龍陣が、加茂川の会所前で元喬車がそれぞれ抜け、最後、境松が只来坂を上って帰った。一番触としては境松には行かなかった。

宵の祭（二番触） 二番触の全体の動き出しは、まず舞車が会所を出て、総社の出口、南小路と旧東海道の交差点で練ることから始まる。この練が始まったのを合図に蔵小路の出口で待機していた元蔵社の練りが旧東海道に出て東に進み、舞車の練りに西から合流する。二町が練っている集団に今度は南小路から天王が出てきて三町の練りになる。この練りはそのまま東へ進み、新門の十字路で練っていると、そこへ二番触が北から練りをぶつけてきて、これで二番触四町の練りになった。

この集団で四つの万灯を先頭に練りが旧東海道を西に向かう。姫街道との合流地点で南に屈折し、そのまま只来坂を上って市役所前（虎屋の前）まで行って引き返した。只来坂を下り、見付の通りに出て、総社に参拝し、三本松まで行き、折り返して天神社に向かった。宵の祭には前締めはなかったという。見付天神社では拝殿を右回りに一周して、そのままもどり、旧東海道を西に向かい、各々の会所に戻った。

宵の祭（番外）　宵の祭では、まず親町の御瀧車の裸衆が会所を出て、東に向かう。中川橋のところまで来たとき、先頭にいる警固長が中川橋の上より、旧中川橋の東のたもとにある会所に向け、警固長の提灯を大きく回し振って出る合図をする。中川町の裸衆は会所を出て天白小路に入り、出口のところで待機して、宿の練りが天白小路出口のところで練り始めるのを待つ。宿の練りに川龍社の練りがぶつかるようにして二つの町がまず一体化する。ここで折り返して旧東海道を西に向かう。地蔵小路の出口で地脇の練りと一緒になり、そのまま西に向かい、清水小路の出口で龍宮社と清水の練りと統合し、これにより「番外」の練りの集団が出来上がる。この練の集団は西に向かい、まず総社に入り、拝殿を一周して再び旧東海道に戻り、旧東海道を更に西に向かう。只来坂を上り、市役所前、虎屋前で東に折れ、天御子神社まで行き、そこで折り返して、来た道を戻る。旧東海道を東に向かい、三本松の御旅所まで行って折り返し、愛宕の坂を下りて、天神社拝殿を目指す。練りの集団は拝殿前で止まり、一度拝殿に手向けした後、拝殿を右回りに一周する。全体の練りはそのまま後押し坂を下り、旧東海道を西へ進み、天白小路で川龍社が、地蔵小路で地脇が、宿の会所で御瀧車が、そして最後、清水と龍宮社が清水小路に入っていき、各祭組は自町に戻った。

宵の祭（三番触） 権現の会所では青年が大太鼓に向かい、触れ太鼓を叩いた。この音が聞こえると各家々から裸衆が会所に参集した。権現の裸衆が会所を出ることにより三番触の宵の祭は始まった。権現の練りが前締めをして、会所を北に出、旧東海道を東に向かった。宮本は会所の前で練りながら権現の練りを待ち受けていると、権現の練りはまず宮本の会所前を少し通り過ぎて東に向かう。宮本の練りは権現の練りの後ろから加わった。後ろから宮本の練りが押すように加わってくると、宮本の練りはそれを押し返すように一度西へ戻る形をとり、少し戻ったところで二町でしばらく練った。それから東坂の会所に向かう。愛宕下では眞車の練りが待ち構えており、二町の練りと正面からぶつかり合い、三町の練りになって、ここでもしばらく三町で練った。三町の練りは元門車が愛宕の坂を下って来ているときは、愛宕下で合流し、元門車がまだ下って来ていないときは、愛宕の坂を登り三本松（富士見町）の練りと一つになった。四町が合流すると、練りは東海道を反対方向の西へ向かった。旧東海道を姫街道との合流地点で南に折れ、只来坂を上り、境松の虎屋前で折り返し、旧東海道を戻った。途中、総社に参拝し、そのまま旧東海道を東へ向かい、一気に見付天神社の拝殿を目指した。四町の練りは一度拝殿に練り込み、しばらく練った後、鈴が先導して拝殿を出、拝殿周囲を右回りに一周した。隊列を整えて、後押し坂を下り、各町の会所に戻った。

御神霊移御祭（旧暦八月一一日） 御神霊を神輿に移す御神霊移御祭は、現在は、大祭一日目の夜九時、煙火の合図とともに始まるが、宵の祭と夜中の祭が分かれていた以前の祭の時代には、宵の祭と夜中の祭の間、旧暦八月十一日の午前〇時に始まった。神事の内容は現在と同じである。

夜中の祭（一番触） 宵の祭が終わり、会所へ戻った裸衆は、会所でそのまま詰めている者もいたが、大半は一度自宅に戻った。夜中の二時に、境松の花火とともに宵の祭の練りが始まった。各祭組では、夜中の祭の参加を促すため、青年が神鈴を鳴らして町内を巡り、出てくることを促した。花火と同時に山車を先頭に境松の裸の一団が提灯を手に只来坂を下がってくる。只来坂を提灯を持って下る姿は西光寺入口辺りからよく見え、各町は斥候を出して、境松が来るのを把握した。境松の山車と裸の一団が元喬車の会所の前を通り過ぎると、元喬車の山車が境松の裸の後ろに付き、その後ろに元喬車の裸の一団が従った。次に龍陣が、そして梅社が、根元車が、一番触が、最後に玄社が付いた。境松の山車を先頭に、各祭組は山車、裸の一団とおのおの続き、天神社の拝殿を目指した。どこへも寄らず、天神社の後押し坂を上り、六つ石のところで一度止まる。親町の根元車の警固長が拝殿前の石段上から提灯を振って合図すると、まず境松の一団が提灯を手に拝殿に練りこんだ。それから、元喬車、龍陣、梅屋、根元車、一番触、玄社が一町ずつ次々と堂内へ練りこんで行った。

これ以降は、時間は三～四時間ほど後ろにずれるが、やる内容としては現在とほぼ変わらない。

夜中の祭（二番触） 宵の祭が終わると各自自宅へ一度戻った。午前二時少し前に青年が神鈴を鳴らし、裸衆を会所に集めた。旧東海道の様子を見ていて、西区の祭組が東に向かい、最後の玄社が新門の十文字を横切ったところで、四町はワタリツケを宵の祭と同じように行った。夜中の祭には提灯は持っていかない。この後、宵の祭と同じように、二番触が前締めをし、四町が一つの集団となり、鈴が先導する形で、途中どこも寄らずに、拝殿を目指した。六つ石のところまで来ると、二番町の前締めはその締めを解き、四町はまとまって拝殿に練りこんだ。堂入り後は、現在のやり方と同様である。

夜中の祭（番外）　夜中の祭は、二番触が御瀧車の会所を東に向かって通り過ぎた頃から始まる。概ね夜一〇時だったという。親町の御瀧車の練りが会所から練りながら東に向かい出すと、その練りに後ろから清水小路から出てきた清水と龍宮社の二町の練りが加わって一つになる。中川橋の上まで来ると宵の祭と同様に御瀧車の警固長が川龍社の会所に向けて提灯で合図する。三町の練りが地蔵小路の前を通り過ぎたところで後ろから地脇の練りが一緒になる。天白小路の前でも同様であり、天白小路出口前を通り過ぎたところで川龍社の練りが後ろから練りに加わり、これで「番外」の五町が全て加わった練りになる。前締めはなく、山車を先頭に旧東海道を東に向かい、直接天神社拝殿を目指す。五町の練りは、一番触、二番触が鬼踊りをしている拝殿に止まることなく、そのまま拝殿に練り込んだ。堂入り後は現在と同様である。お渡りが終了し、総社から会所に腰蓑を付けたまま徒歩で帰着した。その後、青年数名で東中の各祭組にお礼まいりに行った。これはわたりつけと同じ順路で各会所で裸祭が無事終了したことのお礼を述べて回った。回っていると東の空が白々と明るくなってきた。東中の五町はおのおのこのお礼まいりをお互いして終了した。

夜中の祭（三番触）　夜中の祭は三番触で統一した動きはなく、各祭組が独自に動いた。東中の堂入りが済んだのを確認して、夜中の祭への準備をした。権現ではここでも青年が触れ太鼓を叩いて、裸衆を集めた。輿番に出向く者は番外が権現小路の出口を横切ったところで出る用意をした。山車を先頭に堂入りする裸衆は、三番触の他町より早く、拝殿を目指した。三番触において、鈴を持つ権現町が一番先に堂入りすることになっている他は堂入りの順番はなかった。権現町は、六つ石のところで隊列を整え、警固長の合図と同時に鈴一丁と各自提灯を片手に一斉に堂入りした。

〆切　昭和三〇年前後で〆切りも基本は変わらないまでも、部分的にやり方が変わったと元門車の古老はいう。現在との違いを記録する。

・〆切の服装は現在では、黄タスキを掛け、祭組の手拭を頰かぶりするが、昭和二〇年代までは手拭は頰かぶりにせず、黄タスキもなかった。足袋、草鞋、褌、手拭そして手に榊という格好であった。

・輿番の権現と親密な関係があった。祭礼の当日の午前中、権現の輿長が数人を引き連れて羽織、袴の正装で元門車の会所に挨拶に来た。

・昭和二〇年代までの〆切のやり方について記す。〆切の堂入りが終わり、拝殿前の階段を降り、赤鳥居のところに達すると〆切役（〆切りの提灯を持つ役）が大きく提灯を振り回す。この合図が六つ石のところで待機している先供が認知し、伝令を拝殿内の神職に告げる。五〇人ほどの集団を半分に分けて、一つの集団は現在の大鳥居の下辺りで手で榊を持って控え、もう一つの集団は現在の鳥居跡のところに二列でスクラムを組み、天神社の方向を向いて待機した。神輿が大鳥居から鳥居跡まで来ると、元門車の者は、道を大きく開けて先供、神輿、輿番を通す。輿番の最後尾が通り過ぎたところで、鳥居跡の者たちがスクラムを組み、大鳥居下の者たちは手に持った榊を地面に打ち鳴らし、裸の大集団が神輿に迫るのを食い止める。しばらく、鳥居跡で大集団を食い止め、神輿が先に進んだのを確認したところで、一斉にスクラムを切った。現在のやり方は、〆切りをやる元門車の者全てが手に榊を持って大鳥居下で榊を地面に打ち叩き、裸の大集団をしばらく食い止めることをする。

堂入りの後は、現在の裸祭と時間のずれはあるものの、内容的には変化はないという。

一番觸の役割

見付宿の南西に位置する西の木戸の東側の一番町は、見付天神の祭礼に一番觸の役割を担う町として「一番」という名がつけられている。西区において觸番の町内であることを示している。一番觸は見付二八町内で鈴を振ることができる三町内の一つで西区梯団に属す。

祭りは一番觸保存会がすべてを運営している。最も大事な準備が、大祭で振る鈴(本坪鈴の真鍮製磨き上げ)の準備である。一番觸では「鈴締め」という。見付天神から毎年五対の新品を貰い受ける。

新品の鈴はそのままでは大祭で振れないため、一番觸独自に鈴吊鐶と鈴の帯(真ん中の少し膨らんだ部分)と、さらに鈴を振る柄も加工する。桧材四方柾を約三〇センチの楕円形に加工し、両端を約四センチほど鈴の鐶に差し込めるように丸くする。これで鈴締めの準備ができる。加工された鈴で鳴り音が同じ物同士の鈴を確認し、図の手順で鈴締めを行う。

この鈴締めは誰もが簡単に締められるわけではない。鈴を締める前に緩んでいたり、麻紐が緩んだり途中で切れたり、さらに手は麻紐が食い込んで握力がなくなったりしてとても大変で、熟練した経験が必要となる。したがって熟練者による技術の継承が必要であり、熟練者の指導の元に鈴締めの技術を次世代へ受け継いでいる。こんな苦労をして毎年二〇組程度の鈴が祭事始めから毎晩保存会員によって作られている。出来上がった鈴は磨かれ、二〇組もの会所の祭壇に並ぶと壮観である。

大祭の日は、身支度（褌、腹巻、足袋、腰蓑、草鞋、鉢巻き）をすませて会所に集合。足袋は役持ちのため白足袋。練りの参加者の身支度を確認する。特に祭組を示す鉢巻きと触番の印である手首に巻く鈴印を。鈴印は誰でもが着けられるわけではない。一番觸保存会への活動、祭りの準備および町内の行事への参加など、祭りだけでなく町民としての活動にも参加している者が着けられるのである。

一九時前後に西区梯団内の刻限触れ（挨拶回り）が開始される。一番觸は警固一名、青年部および一般参加者（中高生を含む）一〇名ほどが警固を先頭に「オイッショ　オイッショ」の掛け声で、元喬車、龍陣、梅社、水陣、玄社、根元車の順で会所へ向かう。なお、月松社（通称境松の御迎え）は刻限触れとは別に警固一名、青年部および一般参加者三名ほどで、鈴を振りながらお迎えに行く。

月松社に参加している者を除き警固長、警固、青年部および一般参加者（中高生を含む）総勢三〇名弱が会所前で身なりの確認、注意事項そして裸衆の顔合わせをし、青年部は一番觸としての心得を確認する。

確認が終了すると見付天神からの御神酒を総代、警固長、警固、青年が頂く。警固長の

■觸鈴の作り方

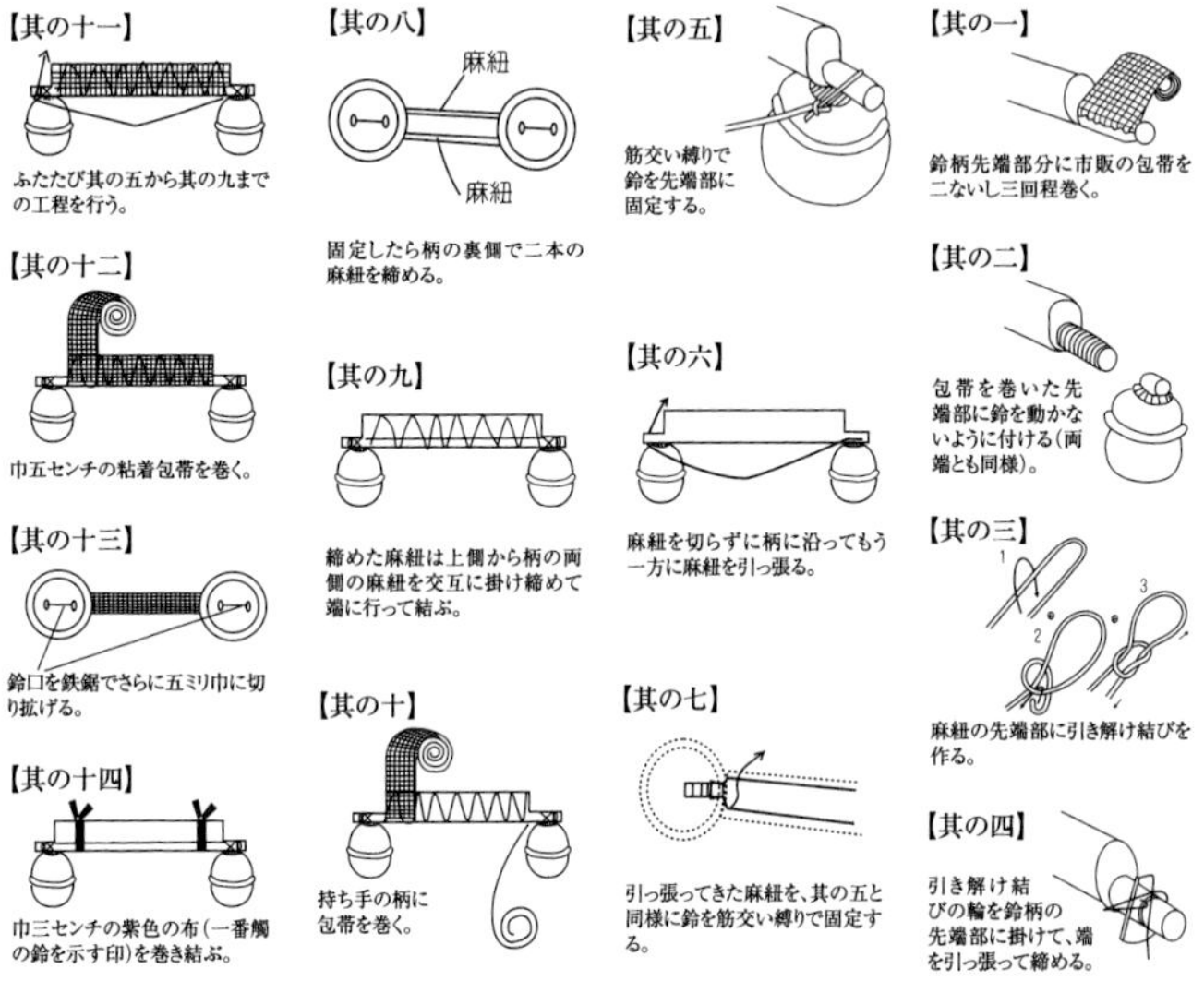

合図で出発、準備した鈴を一斉に振りながら町内回りをして見付本通りに出る時間を調整する。町内回りの間に警固（鈴の管理役）は鈴の鳴りが悪い鈴を確認する。

二一時三分に警固長の合図で西之小路入口から「シャン　シャン　シャン」の鈴の音ともに見付本通りに出て、西光寺前に向かい西区悌団の八町内が合流し練りは総社（中の御宮）の社殿を巡回し三本松御旅所を巡回し見付天神に向かう。

後押し坂手前で、堂入りのため西区集団の練りと一番觸の練りを分けながら進み、白丁を着用した堂入り役は六つ石で総代から新調の鈴の柄に「堂入り」と記載された鈴を渡さ

れ、一番觸警固長の合図を待つ。

西区梯団長は拝殿入口で、二三時の堂入り時間の合図をする。これより、境松から次々堂入りし、最後に一番觸の堂入りとなる。梯団長の合図を石段で待機している一番觸の警固長が確認し、堂入り役に提灯を大きく回してスタートを指示する。堂入り役は両脇に警固を従え「シャラ　シャラ」と細かく鈴を振って拝殿に走り込む。その後ろから一番觸の裸衆が堂入りを果たす。堂入りした鈴は、二回ないし三回振って直ちに両脇の警固に渡すと、それと同時に別の鈴を持った裸が鈴を振り始める。一番觸の青年たちは二番觸が堂入りしてくるまで、鈴振りの厳守事項に従って振り続ける。二番觸が堂入りしてくると、一時、一番觸と二番觸の鈴の振り合わせが行なわれ、それから一番觸が下ろされる。その後は鈴が鳴らないように鈴口を手の平で押さえながら六つ石の東側に集合する。

集合した青年は直ちに白丁を着用し觸番（一番觸、二番觸、三番觸をする役のこと）の準備と事前に決めてある役割と担当警固および場所の確認をすませて移動する。觸番の役割は、神輿渡御直前に觸榊と觸鈴を振りながら総社へ先觸れとして走る。これを觸流しという。

一番觸は山神社で先供の世話方が「いちばんぶれ〜」と大きな声をあげて觸榊を一番觸の榊担当（一番觸では御山の榊という）に渡すと、御山の榊は渡された觸榊を素手では持たずに、白丁の袖を使い包むように、片方の手で榊の幹をへその位置で持ち、もう片方の手で一番觸と記載された紙垂を持ち、肩の高さで腕を真っすぐ伸ばした状態で持つ。進行方向の左側を、御山鈴は堂入りした鈴を手首で細かく「シャラ　シャラ」と振りながら右側で、御山の榊と御山鈴を先頭に斜め後ろに警固、その後ろには白丁を着た青年および中高生（今後の勉強のため）を付き従いながら、大きな声で「いちばんぶれ〜」と連呼して見付天神の丘陵を下り、権現小路出口、中川橋手前、総社参道入口と引き継がれる。

総社参道入口では、総社に觸込みの鈴役が鈴を持って待機し、中川橋手前で引き継がれた御山の榊と御山鈴は西觸流し役に引き継がれ、河原入口の門榊の前にある榊台に納める。その後は鈴口を手の平で押さえながら総社石段東側に待機している一番觸と合流する。

神輿が総社拝殿に据えられると煙火が打ち上げられ、それと同時に大祭で振った鈴を一斉に振りながら総社参道を右折して一番觸の会所へと戻る。

（一番觸）

二番觸の役割

見付の宿の中央部の北側に位置する二番町は旧町名を北井上といった。見付天神裸祭の祭礼では二番觸の祭組の通り觸番として奉仕をしている。そこから町名変更の時（戦後間もない頃）に、二番町という町名になったと思われる。

昭和四〇年の初め、従来の青年会活動が衰退し、祭りの運営に危惧した先輩たちにより祭典の運営を中心に行う団体として二番町祭典実行委員会が設立された。現在その会員数は約八〇人程度であり、自治会、子供会、ＰＴＡと協力をして活動を行っている。

実行委は五月の総会を経るとまず祇園祭のお囃子の練習から始める。このお囃子に使用している道具類は百年近くの長い間使用されている物もある。七月の祇園祭が終了するといよいよ裸祭の準備にとりかかる。特に觸鈴の支度には時間をかけて行う。二番触では毎年新品の鈴を七丁準備する。これは浜垢

離、西中四町の合流、総社振込、道中練り、天神社拝殿振込二丁、渡御（觸流し）に使用される七丁であり、古い物も含めると約二〇丁の鈴を毎年締めている。

以前は、二番町内に職人が多く住んでいて、鈴に使用する柄はくりもの屋、鈴の補修は板金屋に依頼していたが、現状では困難になり実行委員会のメンバーが熟練の先輩に指導を受けながら行っている。二番觸の鈴の特徴は第一に鈴を締めているのが麻縄のみであること。それゆえ麻縄を編むことから始まり、編んだ麻縄に水分を含ませ、それに重しを付けて伸びの調整とした。

見付天神から貰い受けた鈴は鈴口を広げて鈴を割り中の石を交換、鈴巾鐶等をハンダで補強して鈴締めを行っている。

この作業には経験が必要であり、觸番としての責務を果すべく誇りをもって実行委員のメンバー全員でつくり上げている。

そして、この新品の鈴は、大祭当日の朝の御神酒献上の時に三方にのせ、お祓いを受ける。鈴の柄には熨斗《のし》と水引きが付けられているが、そこに頂いた榊の小枝を挿す。そしていよいよ裸祭本番を迎えることとなる。

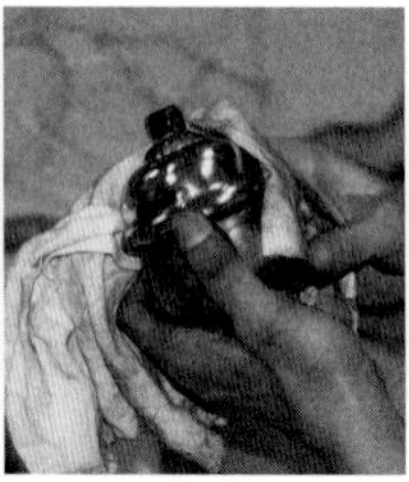

大祭当日は、二番触の御神酒献上と共にその年拝殿で振られる新調の鈴のお祓いを受ける。その時、榊を頂いてきて次に会所づくりが始まる。浜垢離の日に海から持ってきた海水と砂で清め、祭壇には榊と鈴を飾って準備が始まる。会所づくりと平行して青年たちは、町内の寄付集めを行い、昼までには準備完了となる。しかし、この間に拝殿で振られる鈴の最後の点検に余念のない若者もいる。

午後三時になると西中区三町（元蔵社・天王・舞車）の自治会と祭典の役員が二番町会所を訪れ、梯団運行等の最後の確認をし合う。子ども連は青年の者が警固長の代理として子ども連を率いて四町合同で練りを行う。

二番觸のワタリツケは、まず先導者、二列目に役員が二名、その後ろに二番觸の提灯を持った青年が一二名で天王、元蔵社、舞車と廻る。その行動は雄壮であり、いよいよ本番が始まるという雰囲気が高まってくる。

警固長から觸番としての諸注意がありその後、町内廻りをへて九時三〇分に三町と合流して西中区となり、道中練りが始まる。

二番觸では毎年一五個前後の鈴を持って行くので専人の鈴持ちが二人用意されている。觸鈴は必ず一個とし、道中、拝殿中では音の悪くなった鈴を入れ替えする。それも觸番の役目である。

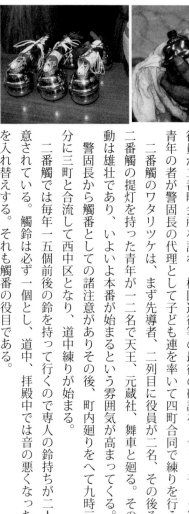

そして二番觸の渡御の時の振れ流しは山神社、大鳥居跡、東の梅の木、中川、総社振り込み、替玉と六カ所でつないでいく。これは、祭典役員と青年で行い、伝統を受け継いでいる。

渡御が終了するとその年持って行った鈴を練りの中へ全部出し、二番町全員で会所まで戻ってくる。そして会所前で時間を惜しむように最後の練りを行う。この時は觸番としての安堵と祭りの後の寂寥を味わう。

（二番觸）

三番觸の役割

三番觸は祭組の中で鈴を持つことが許される三町の一つで、東区では権現町が古来よりその役を受け持っている。

権現町は昔、権現小路といわれ、それは町内にある熊野神社（熊野権現）から名付けられている。権現町の熊野神社も全国各地にある熊野神社の一つで、そういう神社がここにあるということは、古来より権現町の地域が発達していたと考えられる。

このように権現町は三番觸という重要な役割を受け持つが、また隔年で輿番という最も重要な役も受け持っている。

しかし、輿番によって三番觸の行動を変えることは一切ない。輿番の役には七〇名を超える多大な人数を必要とする。また三番觸も人数を多く必要とする。役の重なる年には一〇〇名を超える人数を必要とするが、古来より権現町はこれらの役を一町で受け持ち、全うしてきた。それは権現町の誇りでもあり、いかに町内が結束して祭りに取り組んでいるかを示すものである。

毎年、祭りが始まる前の二ヵ月ほど前から、その年に使用する觸鈴の準備を始める。まず昨年使用した觸鈴を確認し、使用可能な触鈴は修理にまわす。使用出来ない鈴は廃棄。

修理は觸鈴の鳴り具合、鈴の痛み具合から鈴の形を整え、口部分を幅三ミリに削り、割

れた部分はハンダで補強する。また縄の緩みを確認し、緩い場合は再度新しい縄に取り替える。鈴のぐらつきがあれば再度楔を打ち直し、出来上がった觸鈴を振って他に不具合がないか確認する。

三番觸の鈴は他の鈴と大きく違い、持ち手には縄を巻いている。縄はその年の収穫した藁をよって（よじって）およそ五ミリ径の縄とし、それを鈴の柄に巻く。また、柄の両端に付く鈴は楔で打ち止めをしている。

まず、楔を打つために二ミリほどのスリットを両端に入れた柄を用意。柄の両端に鈴を取り付け、鈴が回らないよう楔でしっかりと固定する。次に、柄が折れた場合でも鈴が落ちないよう、二個の鈴を柄に沿って麻紐で結ぶ。次に、柄に縄を巻くが、縄はあらかじめ湿らせ、鈴に触れないよう、また隙間がないように密着させて固く巻く。

藁はそのままでは乾いているため、その状態で巻くと被る水や汗の水分で縄が伸びてしまい、縄が緩んでしまう。よって、縄はあらかじめ水で湿らせ、その状態で柄に巻く。こうすることによって祭中でも縄が緩むことがなくなる。

新品の鈴は毎年見付天神から五組一〇個を貰い受ける。この鈴の音色を組み合わせ、新たな新品の鈴三組をつくるが、音色が合わない場合はストックしてある鈴の中から音色の合う鈴を出し、組み合わせる。以前、鈴の入手が非常に困難だった時代があり、権現町ではそういった場合に備え、鈴をある程度ストックしている。

こうして出来上がった新品の觸鈴は音色により、御渡りに使用する「觸流し」、見付天神社殿で使用する「堂入り」、裸祭が開始される時の「出発」の三つを用意し、これらに見付天神から貰ってきた榊の小枝を麻紐で縛り、裸祭が始まるまで熊野神社に奉納する。

これらの觸鈴づくりはそれぞれの工程で熟練が必要であり、毎年一つずつの工程を習得しても完全に習得するに五年は優にかかる。権現町はその技を継承すべく活動を、毎年の觸鈴作成時に熟練者によって行っている。

新たに加わった、若い振り手には毎年鈴振りの練習を行っている。觸鈴は鳴ればいいというものではなく、鈴を止めた時の「キン」という「切れる音」が必要である。この音を出し続けるには熟練の技が必要であるため、権現町裸祭保存会の熟練者が振り手の前腕がパンパンに張って握力がなくなるまで指導している。同時に、道中練りでの鈴の受け渡し、鈴による梯団の進め方、および觸流し時の鈴の鳴らし方についても伝統を継承すべく、指導を行っている。

子ども連も同様に権現町のみが持つことを許された觸鈴を道中で使用する。しかし、子供が觸鈴で「切れる音」を鳴らすことは困難なため、ひと回り小さな鈴を仕入れ、柄も短くした觸鈴を使用している。鈴玉が若干小さいので音が少し高くなるが、子供でもしっかりと鳴らすことができる。子ども連ではこの觸鈴を五個練りに入れている。

道中の練りには約三〇丁の鈴を持って行く。これは鈴の音が悪くなったり破損した時に交換するため。よって、それらの鈴を持つ「鈴持ち」を、すぐ交換に対応できるよう二名、梯団前方に配置する。

大祭一日目の午後九時、裸祭開始の煙火の合図で「出発」の鈴を振りかざし、権現町の裸衆は権現町集会所前から出発。見付本通りに出て東に向かい、東区梯団の各組を吸収しながら愛宕坂を上り、三本松御旅所まで東進する。三本松の東の境で折り返し、最後に富士見町の裸衆が合流して東区梯団が形成される。

他の梯団は天神社へ向かう道中の最後に愛宕坂を上るが、東区梯団は先に通過しているため、直接見付本通から天神社へ向かう。

三番觸の鈴は梯団においてその練りをまとめ、その進行を左右する。よって子ども連もそうだが、群れの前方から見える位置に常に鈴の振り手を配置する。そうすることによって練りの集団を進めることも止めることも可能となる。東区梯団での振り手は権現町の者に限られ、振り手は緑の印を手に巻くが、その振り方、鈴の管理をする「鈴見廻り」の役も一〇名ほど梯団の各所に配置している。

見付天神の後押し坂を登り、六つ石に差し掛かると鈴を堂入りの鈴に交換し、ここから一気に堂入りする。すでに三つの梯団が天神社拝殿に入っているため、拝殿は身動きできない状態になっている。

権現町振り手は鈴を中心に周りを固め、鈴が単独にならないよう注意を払う。拝殿内では〆切(富士見町)が堂入りするまで鈴を振るが、状況を見て早めに鈴を降ろすこともある。特に輿役の年は引き続き渡御があり、輿役と兼ねている振り手も多いため、早めに鈴を降ろし、渡御に備える。

渡御において、觸鈴は神輿の前で、觸榊と共に町を清めながら総社まで移動する。一番

触、二番触が出た後、山神社横で待機していた榊役、触鈴役は山神社前に進む。
昔は触榊役、触鈴役は見付本通りの大瀬屋（住吉入口）、中川橋、総社入口で交代していたが、戦後の人員不足から三〇年ほど前より交代要員を設けていない。
山神社で榊を受け取った触番は後押し坂を下り、本通りに出て神輿が坂を下りるのを待つ。そして、神輿が進行したのを確認し、神輿との間隔を五〇～一〇〇メートルほど保って総社に向かう。
渡御での触榊は西坂まで清めるため、触鈴役は総社に向かうが、榊役は一気に本通りの西の端まで走り抜ける。触鈴が総社に到着すると触番の役目は終了。権現町では触鈴を手拭いで巻き、それを脇に挟んで、音が出ないようにして町内に戻る。

（権現）

第八章　裸祭の価値

国指定文化財の意味

見付天神裸祭は、平成一二年一二月二七日付で国の重要無形民俗文化財に指定された。この時の文化財の説明文が『月刊文化財』四四七号（二〇〇〇年一二月）に掲載された。ここにその全文を転載してみよう。

見付天神裸祭
所在地　静岡県磐田市
保護団体　見付天神裸祭保存会
公開期日　毎年旧暦八月十日直前の土・日曜日

磐田市は静岡県西部に位置する。見付は古代に遠江国府が置かれたところで、ここに矢奈比売神社が鎮座している。矢奈比売神社は地元では見付天神と呼ばれ、この神社の大祭が、見付天神裸祭である。

祭りに参加町内は、西区、西中区、東区、東中区の四つのテイダン（梯団）と呼ばれる集団に組織され、それぞれ中心になる町内があってオヤチョウと呼ばれている。西区は西坂町、西中区は馬場町、東区は東坂町、東中区は宿町がオヤチョウである。このうちかつては、西坂町、馬場町、東坂町の三か町の氏子総代が神職と共に祭事を司っていたという。現在ではこの三か町に宿町を加えた四か町が年行事を一名ずつ出し、祭の間神社に詰める宮詰役をつとめ、祭りの中心となっている。神輿を担ぐ輿番は、かつては東区の権現町だけがつとめていたが、現在は東中区と一年交代でつとめるようになっている。また、西区の一番町、西中区の二番町、東区の権現町はそれぞれ触番をだし、ネリのときにも鈴を振ることができる特権を有している。御道具持ちとして特定の道具を持って祭りに参加するオサキトモは、東坂の特定の家が世襲でつとめ、現在一八軒ある。

祭りは、旧暦八月十日直前の土・日曜日に行われるが、行事は大祭六日前のミシバオロシから始まる。この日、見付天神の旧社地と伝えられる元天神で祭りを行い、午後十時に本通りの灯火を消して、オサキトモが中心になって榊を道路十三箇所に立てる。

祭りの三日前には、磐田市鮫島の海岸で浜垢離の行事が行われる。浜の松原の所定の場所に注連を張り、砂を敷いた祭場の端に棚を作ってその奥に鉾を立てて、大原の大杉家から奉納されるミョウノウオ（鯔）を祭場近くの池に放す行事が行われる。ミョウノウオを池に放しに行っている間に松原では、神職、氏子総代、オサキトモ等が浜辺に移動して海浜の修祓が行われ、体をなでた祓い串を砂浜に立てる。これが済むと、神職等はわれ先に波打ち際に走って行き、そのまま海に入って禊ぎをする。このときオサキトモの代表は、海水を桶に汲み、小石一二個と砂を取って帰る。こうして祭り神社関係者が禊ぎを済ますと、海岸に待機していた町の人びとや子どもたちが、町ごとにまとまり、列を作って練りながら海に入って禊ぎをする。禊ぎを済ませると、町ごとに分かれて松原に陣取り、御馳走を広げて宴会が続く。昭和三十年近くまではこの浜垢離の行事は、舳先に各町の船印を立てた船に乗り、お囃子をしながら下っていった。船は福田あたりから借りてきた大雑把と呼ばれる砂利運搬船で、この船に屋形をのせて浜まで行ったという。帰りは、再び船で中川を上ってきたが、大原あたりまでくると岸や橋の上から「粟餅よー」とか「芋の煮ころよー」と声がかかり、船の中とにぎやかに言い合い、船を岸につけて箸につけた里芋の煮ものと藁を交換したという。この藁を持ち帰って祭りのときにつける腰蓑を作った。船で行かなくなった現在では車を利用して浜垢離に行くようになっている。

大祭の前夜は、神職、神社役員、氏子青年会など四〇人ほどが参加して御池の祓いが行われる。神社境内にある御池の前に祭壇を築き、浜垢離のときに持ち帰った砂、海水で、境内や本殿の清めを行う。最後に、残った大麻と海水を中川に捨てて行事が終了する。

大祭当日は、神社で午前中に祭典が行われる。午後六時頃になると、各町から子どもネリ（練り）が出発し、天神社に参拝して、神社を時計回りに一周した後、淡海国玉神社（総社と呼ばれている）に行き、参拝してから各町内に戻る。子どもたちが戻った後、大人たちのネリが各町内を出発する。ネリに参加する男は、大人も子どもも上半身裸に腰蓑姿で、町内を乱行乱舞する。大人たちのネリは、中にロウソクを灯し、思い思いの絵を描いたダシと呼ばれる万灯を先頭に、町内を練った後、自分の属するテイダンに合流する。合流する前には、同じテイダン内の各町内に代表が酒を持って挨拶をする。これをワタリツケあるいはコクゲンブレといっている。テイダンは各町内が合流すると、決められた道順を通って神社に向かうが、途中で沿道の人びとから水がかけられたりする。各町内からネリの一団が出発したころ、天神社では御神霊遷御祭が行われ、これが済むと拝殿と神殿の境の柱に丸太を数本渡し、ネリの一団が神殿まで入らないようにしておく。

午後一一時をすぎたころになると、各テイダンが天神社に到着し、本殿を時計回りに一周した後、西区の一番触を先頭に次々に拝殿に入ってくる。これを堂入りと呼び、拝殿に入った男たちは体を激しくぶつけ合ってネリ合う。次々に各テイダンが堂入りしネリを行うが、最後に堂入りするのは〆切と書かれた提灯を持った富士見町で、富士見町が入ってくるころには神輿渡御報告祭が始まる。これが終わると、触番に渡す榊を持った神職とサキトモが拝殿正面から外へ出て、境内の山神社前へ向かう。ここで神事を行い、榊を受け取った一番町の若者が「一番触」「火を消せ」と叫びながら参道を町内に向かって走り出す。この後、二番触、三番触と続くが、二番触が出発する直前には全町の家の灯り、街路灯が消されて真っ暗になる。同時に拝殿の灯りも消され、真っ暗闇の中を輿番に持たれた神輿が拝殿を出て、総社に向かう。天神社の大鳥居を出ると、真っ暗になった町内を総社まで走っていく。この神輿の後を腰蓑だけのネリの一団が追いかけ、総社に着いて神輿が拝殿に安置されると町内の灯りが一斉に灯され、ネリの一団は総社の境内でネリまわってから、腰蓑をはずして境内に納め各町へ帰っていく。これを腰蓑納めといっている。

翌日は、総社で本殿祭が行われた後、夕方に神輿は総社を出発して町内を巡行する。町内を巡行した後、天神社に着くと神輿を胴上げして拝殿に安置し、神事が行われて祭りが終わる。

この祭りは、参加する各町内が四つのテイダンに属し、それぞれのオヤチョウと呼ばれる町内を中心に行われている。また、その祭祀組織は各町内、各テイダン、そして四つのテイダンをまとめた全体の組織というように重層構造をなし、特色がみられる。さらに、祭りの中心の行事が深夜に行われ、その行事は町中の灯りを一切消した中で、人声も禁じて行われるなど、厳しい物忌みを守った祭りである。

本行事は、日本の伝統的な神観念をうかがわせるとともに、祭祀組織にも特色が見られる。また、静岡県西地域における代表的な裸祭として地域的特色も有する貴重な行事である。

裸祭の意味

第一章の裸祭物語でも述べたが、この説明文から読み取れる裸祭の無形民俗文化財としての価値は①梯団、親町という組織が機能している重層構造の祭祀組織②厳しい物忌みを守った祭③日本の伝統的な神観念をうかがわせる祭であるということであろう。

三つの価値は現在でも、

①各祭組をまとめる梯団という組織が祭りを取り仕切っている。

②本祭の夜、神輿が渡御する際は通る街道はすべて消灯され、タバコの火すら消すことが厳格に守られている。

③裸祭全体の行事を見ていったときに明確になる神祀りの方法そして観念に特色があり大事であると文化庁は指摘しているのであるが、これについては裸祭の神祀りを詳細に報告し、整理した後、そ

のあり方を示すことが必要であろう。

裸祭保存会は、国指定重要無形民俗文化財の「伝統ある形式とその格調を受け継ぎ、正しくこれを保存・継承すること」を目的として設立されるのであるが、文化庁の説明文にある三点の価値についてその保存・継承を約束した組織である。特に①の祭祀組織の維持・活性化は保存会としては日常的な努力を要する重要な課題として位置づけられることになる。

①祭祀組織の維持

裸祭の祭祀組織を知ることができる江戸時代の文書がある。『磐田市史　史料編2近世』に、文化一三年（一八一六）の「御尋申一札之事」という文書と文化一四年（一八一七）の「申渡一札之事」という文書が掲載されている。

前者は、西坂町から宿役人に差し出された質問状であるが、これには裸祭は四町（西坂町、馬場町、宿町、東坂町）で実施してきたが、経費もかかり、混乱もあるので二町ずつやるというが先規とは今年の規定を指すのか、四町でやっていた昨年のものを指すのかどちらであるのかという質問である。この質問状については、昨年の規定を指すとの回答であった。

二つ目の文書は、文化一三年より四町でやっていた拝殿踊を二町交替でやることにしたことを確認する書状である。経費節減、安全管理のため二町ずつにしたが「隔年不承知」を申し出るところが出てきた。「勝手の侭」を言い、心得違いをしているので、ここに「喧嘩口論は勿論、奢がましき儀」

鬼踊りの意味をめぐって

谷部真吾（山口大学人文学部准教授）

見付天神裸祭は「天下の奇祭」とも称される。それはおそらく「鬼踊り」と呼ばれる行事があまりにも不可解であるために、そう呼ばれたのであろう。

鬼踊りとは、褌に腰蓑姿の裸衆が、見付天神の狭い拝殿の中で互いに体をぶつけあう行事のことをいう。いったい、この行事は、何のために行われるのであろうか。それについて、従来二つの説が唱えられてきた。

一つは、正暦四（九九三）年に天神・菅原道真を勧請したことを祝って行われた「歓喜踰躍《ゆやく》の舞」が、鬼踊りの始まりだとする説である。もう一つは、見付天神に住む化け物を、悉平太郎という名の犬が退治したことを喜んで踊ったのが始まりだという。だが、残された資料を読み解くと、第三の説を提示することも可能となる。

明治三一（一八九八）年、八月一〇日刊行の『風俗画報』一七〇号には、神村直三郎の手による見付天神祭に関する文章が掲載されている。そこには「一同本社に集まれば拝殿の中にてチンヤサイ、モンヤサイと唱えつゝ鬼踊をなすなり――（中略）――此踊り十分ならざれは神輿上がらずとなり」という一文がある。ここで注目すべきは、鬼踊りが十分で

ないと神輿は上がらないとしている点である。どうしてなのであろうか。

この謎を解く鍵は、神輿が見付天神社を出る前に奏上される祝詞の一説にある。そこには「御氏子乃人等斎清麻波里氏拝殿乃大床母登抒呂尓踏平志歌比響動伎手打鳴志氏」と書かれている。これは、鬼踊りの様子を描写したものと思われる。それによると、鬼踊りとは、ケガレのない氏子が拝殿の大床を「踏平《ふみなら》」すことであるという。この部分はきわめて重要である。なぜならば、鬼踊りが反閇であることを示唆しているからである。

反閇とは陰陽道の呪法の一つで、地面を強く踏みしめることによって、邪霊を封じ込めるという技である。反閇は、神楽などの民俗芸能でもよく見られる。だが、鬼踊りが反閇であったとして、それが不十分だと、どうして神輿は上がらないのだろうか。

その理由は、日本の神の特徴と深く関わる。日本の神は、ケガレ（邪霊も、広い意味でケガレに含まれる）を極端に嫌う。このため、ケガレがあると神は決して姿を現さない。この点を考えあわせると、先に引用した神村の文章の意味も明らかとなろう。すなわち、反閇である鬼踊りによって、しっかりと邪霊を祓い鎮めておかなければ、神はケガレを嫌って、拝殿から出ようとしないのである。

以上、鬼踊りの意味について、第三の説を提示してみた。もちろん、この説も仮説の域を出ない。現在のところ、どの説が正しいのかを決めることはできない。資料が少ないからである。その意味で、鬼踊りは、やはり不可解な行事である。果たして、みなさんの目に、鬼踊りはどのように映るのであろうか。

谷部真吾 やべ・しんご

山口大学人文学部人文科学研究科准教授。文化人類学・民俗学。日本の祭りの、近現代における変化について研究。平成22年裸祭保存会主催のワークショップに講師として参加。見付天神裸祭および遠州森の祭りについては、名古屋大学大学院GCO研究員当時より現地に入って調査研究を継続。『見付天神裸祭の記録』（平成22年刊）の調査、報告に参加はないよう、昨年は馬場町と東坂町、当年は西坂町と宿町と二町ずつ実施することを守ると宿役人に対し、四町の小前の町人が連名で約定したというものである。

今でいえば裸祭を、ある年は西中区と東区で、翌年は西区と東中区で行うルールを取り決めた時期が江戸時代にあったということであろう。

この二つの文献で分かる通り、江戸時代の文化一三～一四年（一八一六～一八一七）前後の頃、裸祭は「拝殿踊」といわれ、四町で行っていたという認識が見付宿の人にはあった。江戸時代の四町が拝殿踊をするという基本形は現在の四つの梯団を組織して祭りに参加するという形の原型であると言える。

現在の四つの梯団は、西区、西中区、東中区、東区である。この四地区は裸祭において結集の単位となる。これは江戸時代、親町に結集した伝統が生きていて（第一章裸祭物語二一頁参照）、現代まで厳格に守られているのである。

②暗闇という厳しい物忌み

「浄闇」という言葉がある。

伊勢神宮の式年遷宮の時も、毎年行われる神嘗祭でも、必ず燈火一つない浄闇の中、厳粛に神は遷座することになっている。昔から日本人は「浄らかな闇」の中で御神体は渡御するのが相応しいと考えて来た。

「諒闇」という神道用語がある。昔の人は、尊い人が亡くなると、喪に服すのに常の不浄の場から身を隔絶して忌み籠りをしたという。その死者供養の忌み籠りを諒闇といい、闇は忌み籠る空間を意味する。忌み籠りとは、神的霊力を回復、獲得するために精進潔斎して、清浄な空間に身を置くことを意味する。

東京都府中市の大國魂神社でゴールデンウィークに行われる巨大な祭り「くらやみ祭」は、今では昼間に神が渡御する。しかし昭和三三年までは、暗闇の中を神が御旅所に渡御することを祭りの本義としていた。時代の変化に抗しきれず、昼の「見せる」祭りになってしまった。

見付天神裸祭も昭和三〇年代、全国で荒々しい祭りが暴力追放の旗頭の下、警察の指導を受け、夜通しやる宵と夜中の祭りを一つにし、早く終了するよう要請があった。しかし見付の住民は、故石川博敏さん(二七〇頁のコラム13参照)を中心に一致団結して、浄闇の中を矢奈比売命が渡御する、裸祭の本来の姿を守ったのである。

③日本の伝統的な神観念

見付天神裸祭において、神輿に戴いて渡御するのは矢奈比売命である。この女神の祀り方がある。裸祭に見られる日本の伝統的な神祀りについて列挙してみよう。

神は渡御する　神輿に乗せられ、御旅所まで御幸し、もてなされて還御する。矢奈比売命が見付天神から総社淡海国玉神社へ御渡りをする時、見付宿は灯り一つない暗闇となり、その中を神は渡る。浄闇をつくり出すことを今でも厳粛に行っている。

矢奈比売命は大祭の深夜、総社へ御渡りし、大祭の二日目、見付宿を南西の端から東端まで巡る。そして二日目の夜、多くの氏子に歓声をもって迎えられ、見付天神に還御を果たす。

神は降臨する　浜垢離の時、見付の人々を祓い清めるため、綿津見大神は大海原から大榊に降臨し、海浜で見付の人々の垢離をする。神が降臨する依代として御幣と榊が、裸祭では盛んに用いられる。山車と呼ばれる万燈の先端には、天神社から拝領した榊が挿されている。元宮天神社の御神体は見付天神から持って行った榊である。大祭に際して神は訪れ、氏子によってもてなされ、帰って行く。

神に仕える者は清浄な身体になる　神輿に供奉するために、裸の男たちは大祭の深夜、拝殿に集い、鬼踊りをして神輿の渡御まで待機する。そのため男たちは、浜垢離をはじめとして何度も何度も身を祓い、清い身体になる。究極は、裸に「七五三」と呼ばれる注連縄である腰蓑を着け、横綱のマワシと同じように神に近い存在となって、神に奉仕する。祓い清めが、裸祭の神事では繰り返し繰り返し行われる。

神祀りをする空間を結界する　御斯葉下ろしは見付宿を清浄な空間にするために、大祭一週間前の深夜、浄闇の中、榊を市中一三カ所に立てて見付宿を結界する。氏子が住んでいる空間全体を聖なる空間にしてしまう。東海道の辻々に、神事を行って榊を立てて行く。そうして大祭の時、見付宿全体は清浄な聖なる空間として祭場になる。

大祭三日前の御池の清祓いは、見付天神の社殿、拝殿、境内を清浄な空間に結界する重要な儀式である。

神と共食する　神は人々に祀られるとき、人々と共飲共食する。裸祭では、神祀りの時に食べるものが伝承されている。いちばん身近なものは芋（里芋）の煮っころがしである。以前、屋形船で浜垢離に行っていた頃は、浜垢離に持参したいもの煮っころがしを、大原で渡して稲藁を交換した。その稲藁で腰蓑と草鞋を作った。煮っころがしは裸祭に付き物であった。裸祭の土産は粟餅である。今も裸祭の時に見付宿内で売られる。裸祭では矢奈比売命に稲穂籠と呼ばれる特殊神饌が供えられる。裸祭では、神との共食の場面が多い。

第九章　裸祭の保存伝承活動

指定文化財と裸祭実行委員会

見付天神裸祭は、戦前から戦後昭和二〇年代まで、祭の運営・実行は各町の青年団、青年会が行い、自治会、区がそれを支援するというあり方が、各祭組の組織であった。今でも不思議に思われることに「以前の裸祭」には各地区（一番触、二番触、番外、三番触）においても、見付地区全体においても祭りについて打合せをする場、機関を一切持たなかったことである。そのような機会をもたずとも、秩序立てられた巨大な祭りが管理、維持できたのである。打合せをしなくても阿吽の呼吸で秩序を維持することができたのであり、伝承の力によって、絶妙なバランスの上の秩序を保つことが可能であった。

平成六年に見付天神裸祭は、磐田市の無形民俗文化財に指定される。この指定を機に、無形民俗文化財を保存伝承していく上で責任を持って取り組む母体として、保存会の設置が望まれた。それに答えるべく、平成七年に裸祭実行委員会が組織された。この組織の設置目的は、「見付天神裸祭の伝統を継承し、常に全体の調和と統一を図りつつ秩序ある行動をとおして、氏子が故郷の祭への誇りと喜びを共感できる場となるよう努めることを目的とする」と規定された。

会員の規定

この会則は平成八年五月二五日施行された。この会則は役員、会議の規定は設けられているが、会員の規定はなく、「本会は見付三社を氏神とする地域のうち、別表の町の代表をもって組織する。」とあり、住民や裸で参加する若者は保存会員とは読み取れない。組織は、この会則によると、役員は委員長一名、副委員長四名、事務局長一名、事務局員若干名、委員八〇名以内であり、役員の任期は二年であった。また、保存会の会議は、総会、運営委員会、専門部会、および事務局会の四種があった。運営委員会は、委員長、副委員長、事務局長、事務局員、および正副部会長をもって構成された。運営委員会は第一〇条で四つの審議事項が規定されていた。(一) 総会の議決した事項の執行に関すること。(二) 総会に付議すべき事項、および専門部会へ付託すべき事項に関すること。(三) 総会の議決を要しない会務の執行に関すること。(四) その他、本会の会務で緊急を要する事項の処理。これら四つの審議の重要性は大きく、実質上、この運営委員会が保存会の運営上、欠くことのできない重要な審議機関となっていた。専門部会の内容規定は会則にはなく、会則施行後に整備され、名目上は、青年部、裸練り部、伝統・規律部、財務・施設部、研修・渉外部の四つの専門部会が設けられた。この実行委員会組織もこれら専門部会が明確な委員を構成せず、役割も果たすことなく、実質的には運営委員会が実行委員会を取り仕切り、総会に諮って、実行委員会を代表する動きに終始した。

この実行委員会は、見付地区の各町からの協力を得ながら、保存会として裸祭の保存伝承に資する母体となかなか成りえないまま、平成一二年に裸祭が国の重要無形民俗文化財に指定されるという局面に遭遇した。重要無形民俗文化財になったことで、文化財保護法の趣旨に則り、無形の文化財を保存・伝承することを目的とした組織に改編することになった。

裸祭保存会の設立

平成一四年に裸祭実行委員会は、裸祭保存会に発展的に解消した。この裸祭保存会の目的は、「文化財保護法の趣旨に則り、国指定無形民俗文化財「見付天神裸祭」の伝統ある形式とその格調を受け継ぎ、正しくこれを保存・継承すること」(「見付天神裸祭保存会会則」第三条)にあるとされた。保存会の行う事業を(一)裸祭の実行、(二)裸祭の調査研究及び情報の収集・提供、(三)裸祭の広報・宣伝、(四)裸祭の諸設備の整備、(五)その他本会の目的を達成するための諸事業、としている。

保存会の会員は「見付地区住民並びに本会の趣旨に賛同するもの」と明記された。この会員の規定は、見付地区に住む全ての者が会員であり、見付地区全体をあげてこの祭を保存・継承しようしたもので、地域の文化を伝える大切な文化財として認識し、宗教や門地を超えたところで、地域文化の象徴として住民全ての宝とした。この見付地区住民の全てを保存会の会員にしたことはこの後、大きな意味、価値を持ってきた。

役員は、会長一名、副会長三名以内、理事二〇名以内、事務局長一名、監事三名以内、と明記された。理事は自治会見付支部理事、見付三社氏子崇敬者会責任役員、見付天神裸祭実行部会部会長・副部会長、青年部部長および事務局長である。監事は、見付三社氏子崇敬者会監事が当るとし、会計上の責任者も明示した。

保存会の組織については「見付天神裸祭保存会細則」で規定されている。保存会の中には、自治会、

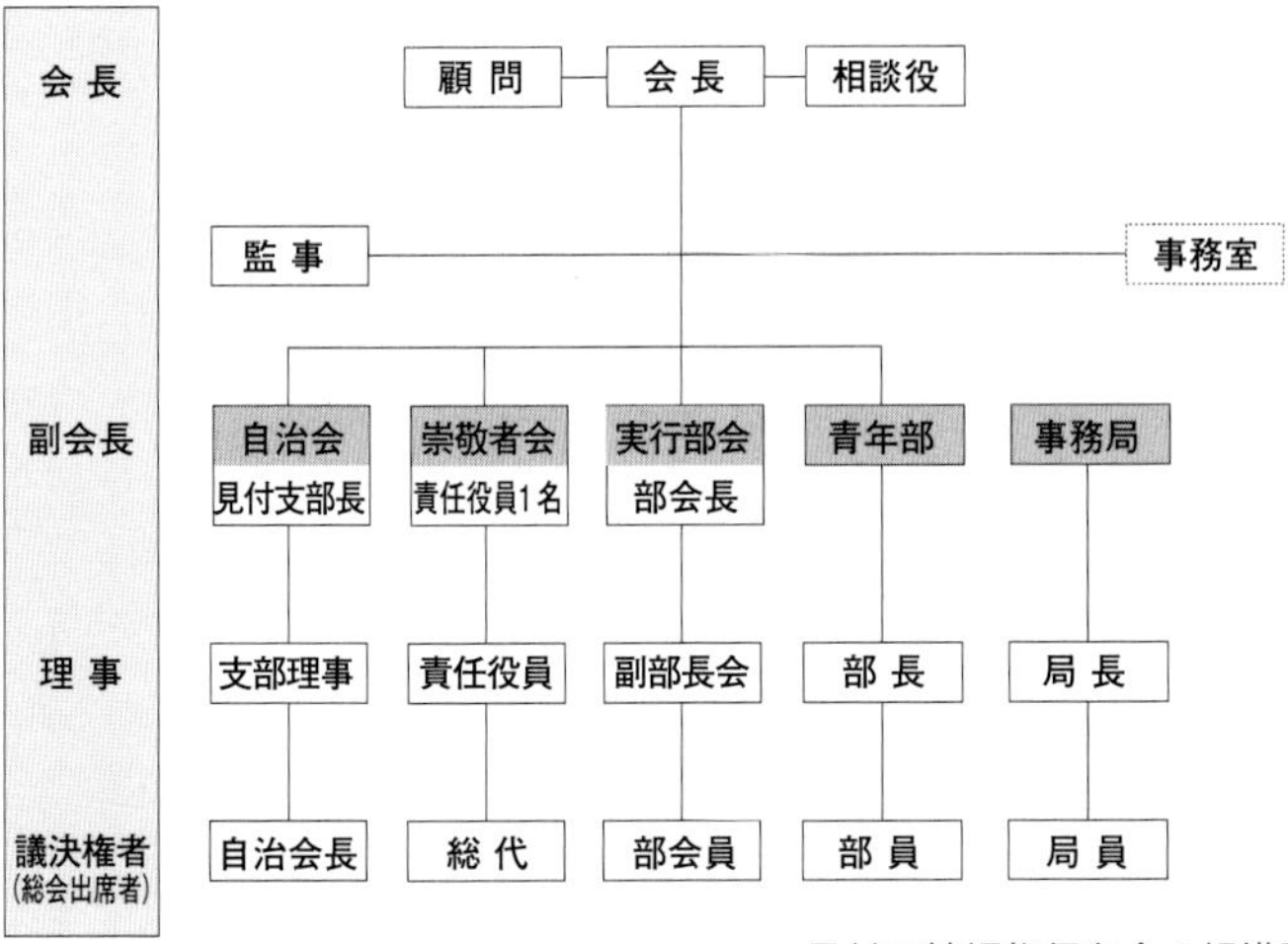

見付天神裸祭保存会の組織図

崇敬者会、実行部会、青年部、事務局の五つ組織がある。自治会は自治会長二九名で構成され、崇敬者会は見付三社氏子崇敬者総代で構成される。実行部会は各町警固長二八名と先供二名の計三〇名で構成され、青年部は各町の将来祭組の中心を担う北井の若手を自治会の規模に従って選出し、四〇名以内で構成する。そして事務局は「見付天神裸祭に精通かつ保存、伝承に情熱を持つ者を各梯団から二名ずつ推薦の八名、並びに会長が必要と認めた者四名を加えて構成」している。

保存会内にある五つの組織は、図「裸祭保存会組織図」で見て了解できるように、横並びで、上下関係がない組織である。

保存会各組織の会務

各組織の会務として自治会は「安全面・資金面を担当し裸祭の円滑な実施に向けて支援する。」とし、崇敬者会は「裸祭に関わる全ての祭事及び祭典の諸準備

裸祭の大恩人、石川博敏さん

見付地区に住む者にとって今では、地区外の人に「見付には裸祭という勇壮で有名な祭があるんですよ」と胸を張って自慢するのが楽しみとなっている。見付天神裸祭が現在のような形で伝承されてきたことは、見付地区住民の積年の努力と思いがあったからだ。それに加えて、故石川博敏さんの功績がなかったら、この祭りはどうなっていたのだろうかと考えてしまう。

石川博敏さんは「宿町《しゅくまち》の博敏さん」「イシケンの博敏さん」として多くの人に慕われた方である。平成一八（二〇〇六）年一一月三〇日、享年九四歳で逝去した、元石川建設の社長・会長である。黄綬褒章《おうじゅほうしょう》（建設業振興功労、昭和五〇年）、紫綬《しじゅ》褒章（地域振興功労、昭和六一年）、勲五等瑞宝章《ずいほうしょう》（文化財保護功労、平成八年）を受賞した、見付地区の忘れられない恩人、偉人である。

「宿町の博敏さん」「イシケンの博敏さん」は、見付天神裸祭を愛することでは人後に落ちない見付の住人だった。太平洋戦争直後の昭和二〇年代から裸祭に積極的に関わり、その価値、素晴らしさを、地区住民にも、地区外の全国の人にも力強く説き続けてくれた。博敏さんの裸祭への功績を挙げればきりがないが、敢えて二つ挙げてみたいと思う。

一つは、昭和三六（一九六一）年に警察の指導があった時に、宵と夜中の祭りを一つに

石川博敏さん

して、なんとか夜中の一時までやることができたこと。二つには、平成一二年に国の重要無形民俗文化財に指定されたこと。いずれも博敏さんが一人でやったことではないが、いずれも博敏さんが主導したし、博敏さんという人材がいなければできなかったことである。

昭和三五年一〇月二日の新聞各紙に「磐田の裸まつりで乱暴」という記事が載った。この年の一〇月一日午前三時四五分頃、見付天神から淡海国玉神社への渡御の際、灯りが漏れていた家に裸の男たちが乱入したのだ。

ちょうど昭和三〇年代半ば頃は、全国で荒々しい祭りが警察の暴力追放の指導の下、昼間の「見せる」「おとなしい」祭りになっていった時期だった。東京都府中市のあの有名な「くらやみ祭り」も深夜の渡御が昼間になってしまい、何がくらやみ祭りだと言われたりした。

見付の人たちは、警察と博敏さんを中心に何度も話し合い、昭和三六年の祭りには午後一〇時五〇分には神輿渡御、午後一一時に神輿惣社（総社）御付とした。その後、何年かの警察の協議の後、今の零時四五分惣社御付に落ち着いた。博敏さんをはじめとした見付の人たちが、その本質を見失うことなく交渉した結果が今ある神輿渡御の威容になって伝わることになったのである。

裸祭が市指定の無形民俗文化財になったのが昭和六一年で、県の指定になったのが平成六年のこと。いずれの指定も博敏さんが直接、市や県に働きかけてその価値を説いてくれたことによる。そして県の指定が決まったその年の九月一〇日、裸祭の当日に文化庁の神野善治文化財調査官をお迎えして、磐田市内の料理旅館「大孫《だいまご》」の座敷で、当時の庄田武副知事、山下重磐田市長、杉田豊県教委高校教育課長（後の県教育長）臨席の下、裸祭の素晴らしさを博敏さんは熱く説いた。見付宿あげての壮大で秩序だった伝統ある祭りであること、その独自性、文化財としての高い価値に、臨席した誰もが聴き入った。その姿は生気に溢《あふ》れ、眩《まぶ》しいばかりの勇姿であった。私は幸いに同席することができ、博敏さんの熱弁を聴くことができた。

正直に話すと、この時は全国に多数ある裸祭の実態を文化庁も把握しておらず、見付の裸祭の価値についてまだ客観的な判断ができない段階だった。この席の後、神野調査官が私に困った表情を見せたのを忘れることができない。しかし六年後、見付天神裸祭は国の重要無形民俗文化財に指定されたのである。博敏さんのこの一席がなかったら、平成一二年に国の指定になることはなかったであろう。

（中山正典）

を担当し、裸祭の円滑な実施に向けて支援する。」とし、実行部会は「大祭の執行にあたり、伝統としきたりを重んじつつも社会情勢の変化を考慮し、各梯団・各祭組の行動をそれぞれ管理すると共に、全体の調整をすることにより、円滑な祭を実行する。」とし、事務局は「裸祭全般に渡り、企画・立案をし、伝統を重んじつつ時代に即した裸祭の運営を計画する。」としている。実行部会は各祭組の祭の責任者である警固長が実行部会員を構成している。警固長は、各祭組の祭を熟知している者の中から選ばれており、各祭組においては統率者として重んじられる存在である。この警固長の集まりである実行部会が伝統を重んじつつも社会情勢の変化に対応して、各梯団・各祭組の行動を管理している。そして、これらの警固長を務めた者や裸祭を熟知し全体が見える者十二名により事務局が構成され、ここで祭全般の企画・運営の原案作り、調整がなされている。

保存会の活動

この保存会も明確に一年間の活動を計画立案し、重点課題を明確にし、組織として機能し始めるのは平成十六年頃からである。現在では、年間活動計画が毎年一月には明示され、実行部会、青年部、事務局がこの重点課題を中心に一年間協議を続け、祭の執行において準備を整え、一つ一つの課題を解決していく。解決と言えるほど、完全に課題が克服できるわけではないが、見付地区全体で取り組む課題が明確になるということで、この重点課題を明示したことは、保存会が見付地区全体を視野に入れて、祭の秩序化、活性化に取り組んでいる姿勢の表れと解釈されている。

また、この保存会が中心となって『見付天神裸祭ガイドブック』が平成一九年から毎年祭前の全体会議前までに作製され、見付地区全戸に配布されている。裸祭に関するあらゆる情報がこの冊子に集約され、この冊子を通じて情報が発進されるという趣旨を明確に持ったガイドブックである。

保存会が組織されてから行ったことで特筆できるのは以下の点であろう。平成一七年に子供連連絡会を設置した。子供連の運営について見付地区全体で情報交換し、調整しようとする組織で、現在では青年部が連絡会を取り仕切っている。平成二一年に屋形船の復元事業を実施した。今之浦川に浮かべることは出来なかったが、見付本通りの憩い茶屋で天竜川の砂利船に元倉町に保管されていた屋形部分を組み立て、屋形船に仕立てた上でお囃子が奏された。平成二一年末をもって各町の保存会の組織化がほぼ終了した。各町でも裸祭の運営・実行の中心となる組織が自治会の中で明確にされ、見付地区全体の保存会と連携を図ることで、裸祭が二八町でつくり上げていく基盤をもつことができた。

平成二二年には『見付天神裸祭の記録―「以前の裸祭」調査報告―』を刊行することができた。この報告書は聞き取り調査を二年間にかけて実施し、「以前の裸祭」を、その時点でできる限り記録することを旨として編纂された。平成二五年に第一回見付天神裸祭フォトコンテストが開催された。入賞作品は展示会を設け、表彰の場も設けた。平成二六年、文化庁の「文化遺産を活かした地域活性化事業」に採択され、映像記録化（ＤＶＤ作成）を実施した。平成二九年、磐田市・駒ケ根市友好都市五〇周年記念の中学生交流会を開催した。そして令和元年には国指定二〇周年記念事業として本書の刊行と、野本寛一先生記念講演会・中学生のトーク（コーディネーター・谷部真吾先生）を開催する。

絵葉書に見る
むかしの裸祭

大正元年頃　矢奈比売神社拝殿

大正３年９月　福田中島付近の仿僧川に集結した屋形船

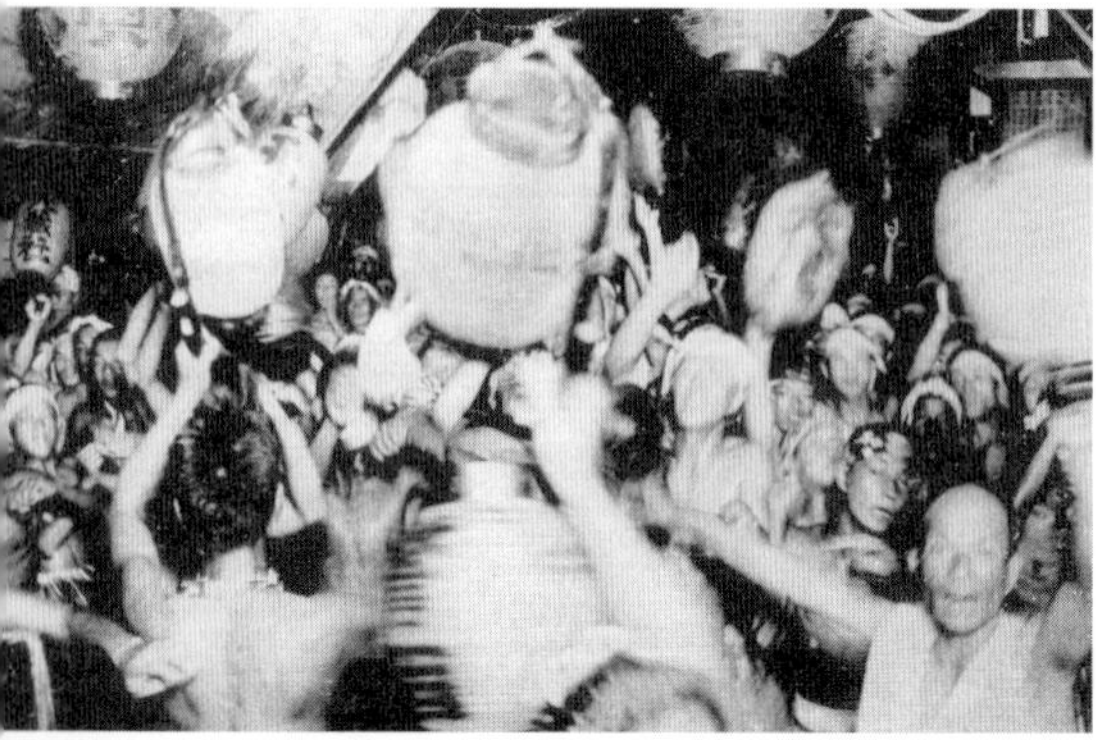

昭和五年八月　拝殿内鬼踊り

昭和５年　浜垢離の屋形船

昭和５年８月　赤鳥居の参道練り

昭和五年　東中区の境内練り

昭和五年　拝殿前で榊を手にする〆切

昭和五年　深夜の神輿御渡り

昭和 11 年　宿町古澤書店発行　浜垢離屋形船

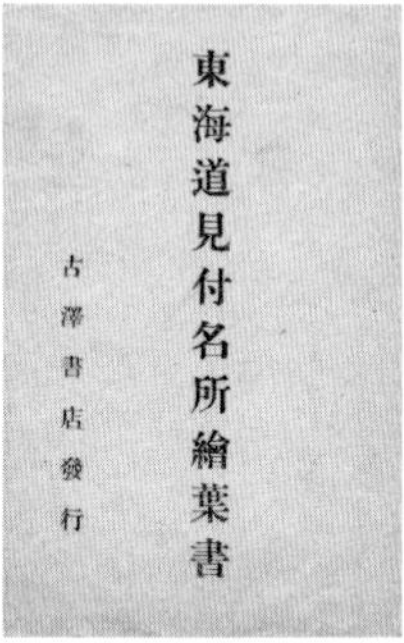

昭和 11 年　浜垢離

昭和 11 年
裸祭東中区道中練り

昭和 28 年

昭和 9 年に竣工した矢奈比賣神社拝殿

昭和 28 年頃　今之浦川の大曲付近の屋形船

艶やかで優雅だった昔の浜垢離

裸祭大祭の三日前、浜垢離が現在でも遠州灘に出て行われる。現在の浜垢離は、午前中に各町ごとバスに乗って、福田中島の海岸まで出向いて行われている。これが昭和三〇年はじめ頃までは、各町が屋形船を仕立て、それに浜印を立てて、大太鼓、小太鼓、笛、三味線でお囃子を奏しながら出向いて行った。三味線は芸者衆が着飾って乗り込み弾いていた祭組もあったようで、それは艶やかで優雅な浜垢離だったようだ。

現在の中川橋の少し下流の辺りで各祭組は屋形船に乗船し、中川、今ノ浦川を下り、鳥之瀬、二之宮、大原、南田を経て、塩新田に出た。今ノ浦川は塩新田の辺りで東に大きく屈曲するが、東に曲がる右岸側が浅く砂状の下船しやすい所があり、ここで船を降りた。この塩新田から真南に浜に出るまで一キロほどの距離があり、浜垢離用の浜印、楽器、料理、酒、筵などを持ち歩いた。

お囃子を奏しながらにぎやかに下っていく屋形船に向かって、大原の人たちは藁束を差し出したという。すると、屋形船からは祭組の人たちが粟餅や浜垢離用の料理をお礼に差し出した。男衆はこの藁を持ち帰り、腰蓑や草鞋を作って身につけ、裸祭に出た。

（中山正典）

見付天神裸祭 関係年表

元号	西暦	内容
正暦四年	九九三	一条天皇の正暦四年八月一一日に、勅を奉じて京都の北野天神から矢奈比売神社に北野天神を勧請した。この日を祭礼の日とし、このとき歓喜して人々が躍ったことが元禄一五年「菅八百年祭行事次第」に記されている。（『磐田市誌』）
正和五年	一三一六	一実坊大般若経写し、光善寺に奉納（『磐田市誌』）
元禄三年	一六九〇	拝殿幣殿再営奉加牒（『磐田市誌』）
元禄一五年	一七〇二	「菅公八百年祭行事次第」（『磐田市誌』）
明和四年	一七六七	根元車（現西坂町）の若者が守るべき定め書きが出される。
寛政元年	一七八九	子どもの祭狂言の上演（東坂町「庚申講掛銭帳」より）
寛政三年	一七九一	四町参加の祭狂言（東坂町「庚申講掛銭帳」より
寛政四年	一七九二	大風雨高潮災害のため、祭狂言、拝殿踊りが中止となる（東坂町「庚申講掛銭帳」より）
享和元年	一八〇一	大不作のため、祭狂言は中止（東坂町「庚申講掛銭帳」より）
享和二年	一八〇二	藤原道真九百年祭挙行（『磐田郡誌』）

享和三年	一八〇三	『遠江古蹟図絵』 藤長庚編著
文化年間	一八〇四〜一八一七	『事実証談』 中村乗高著
文化一一年	一八一四	宿坊故障、祭狂言停止し、神事のみ行う。（東坂町「庚申講掛銭帳」より）
文化一三年	一八一六	拝殿踊り二町交代制が取られる。この年、拝殿踊りは馬場町と東坂町
文化一四年	一八一七	拝殿踊りは西坂町と宿が務める。
文政二年	一八一九	西坂町と宿町が定式通り祭狂言の当番を務める。西坂は子ども狂言（東坂町「庚申講掛銭帳」より）
文政九年	一八二六	参銭割賦で故障、御旅所変更で馬場町不承知。祭礼後、惣社神主が江戸に直訴。神主、縫之助ら処罰される。（東坂町「庚申講掛銭帳」より）
天保三年	一八三二	「遠く見ます」 七世市川団十郎著
弘化二年	一八四五	根元車は若者が守るべき定め書に四カ条を追加
嘉永二年	一八四九	住吉町の幟「比佐麻里祭」に銘記された年号
安政元年	一八五四	神輿渡御の際、中川橋で輿番の権現小路と御殿小路との間で喧嘩沙汰が起こる。
安政二年	一八五五	「為取替議定一札之事」祭礼の神輿担ぎを権現と御殿小路とで隔年で務める議定の一札

安政三年	一八五六	龍陣（現河原町）の若者が守るべき定め書
明治四年	一八七一	御殿小路の「差入申一札之事」
明治一八年	一八八五	御殿小路輿番を地脇町に譲り、輿番は権現小路と地脇町とで隔年で担当
明治三一年	一八九八	神村直三郎著「遠江國見付町矢奈比売神社祭典次第」『風俗画報』一七〇号
明治三六年	一九〇三	「遠江見附駅の祭礼」（『風俗画報』）芝山道人著
明治四〇年	一九〇七	『見付次第』山中共古著
明治四一年	一九〇八	「見付天神の裸体祭」（『風俗画報』）淡遠小史著　「見付に関する見聞雑記」赤松範一著
明治四二年	一九〇九	元天神の社を赤松氏が建てる。
大正三年	一九一四	子供連が始まる。
大正五年	一九一六	「例大祭　祭儀次第書附祝詞」を神職の川出新一郎氏が記録する。
昭和六年	一九三一	新通町が龍宮社として裸祭に加わる。
昭和八年	一九三三	見付天神社の銅板葺四棟造りの幣殿、拝殿が造営される。八月に御造営記念行事
昭和一四年	一九三九	寺小路（御殿）が二番町と宿町に分かれる。

昭和二一年	一九四六	警固長が赤たすきをかける。
昭和二九年	一九五四	浜垢離へ、屋形船からバスで行くことになる。各町では底抜け屋台を引きまわしてお礼参りに行くようになる。
昭和三一年	一九五六	『磐田市誌下巻』発刊
昭和三五年	一九六〇	祭典時に河原町と中央町で暴力事件が発生する。
昭和三六年	一九六一	祭典日が八月一一日に近い土・日曜日に変更される。また、「宵の祭」と「夜中の祭」が一つの祭になり、夜中には総社への渡御が終わることになる。
昭和三七年	一九六二	「見付天神裸祭り記録」石川博敏著発行
昭和三八年	一九六三	隔年で地脇町と権現町で輿番をやっていたが、東中区と権現町の隔年交代になる。
昭和四三年	一九六八	浜垢離の場所が福田町立福田中学校東地先に変更される。
昭和四七年	一九七二	浜垢離の場所が鮫島海岸に変更される。
昭和四八年	一九七三	『見付天神はだかまつり』熊切正次著が刊行される。
昭和四九年	一九七四	氏子青年会（通称氏青）が氏子崇敬者会の中に作られる。
昭和五二年	一九七七	神輿渡御の時間が一時間延長され、午前一時までとなる。梯団長制度が始まる。
昭和五六年	一九八一	城山中学校で見付地区の古老たちが指導して腰蓑作りを行うようになる。

昭和五九年	一九八四	『磐田の民俗』磐田市誌編纂委員会刊が発行される。
昭和六一年	一九八六	見付天神裸祭が磐田市無形民俗文化財に指定される。北部四町（美登里町・北見町・元宮町・緑ケ丘）と今之浦五丁目が東中区に参加する。
昭和六二年	一九八七	『見付天神裸まつり―海と山との交歓―』（一六ミリ映画　國學院大學日本文化研究所刊）が完成する。
昭和六三年	一九八八	元天神町が東中区に参加する。
平成五年	一九九三	高校生六〇人余りが三〇年ぶりに裸祭に参加した。
平成六年	一九九四	見付天神裸祭が静岡県無形民俗文化財に指定される。文化庁神野調査官が裸祭を視察
平成七年	一九九五	裸祭実行委員会発足する。水堀町が西区の梯団に参加する。
平成一一年	一九九九	浜垢離の場所が福田町立福田中学校東地先に再び戻る。
平成一二年	二〇〇〇	今之浦四丁目が東中区に仲間入りする。平成一二年一二月二七日付けで、国の重要無形民俗文化財に指定される。祭典前に暴力追放研修会を開催するようになる。
平成一四年	二〇〇二	見付天神裸祭実行委員会が発展解消して裸祭保存会となる。初代保存会長は石川大造氏
平成一五年	二〇〇三	『見付天神裸祭手引書』裸祭保存会刊が発行される。

平成一七年	二〇〇五	子供連連絡会が祭典前に持たれ、子供連の連絡調整を行う。
平成一九年	二〇〇七	ガイドブック「見付天神裸祭」の創刊号が出、全戸配布される。これ以降毎年発刊
平成二〇年	二〇〇八	ガイドブック第二号を城山中学全生徒に配布する。
平成二一年	二〇〇九	浜垢離の屋形船を元倉町の部材により陸上で復元し、二番町、幸町がお囃子を奏する。
平成二二年	二〇一〇	『見付天神裸祭の記録―「以前の裸祭」調査報告一』を刊行する。
平成二四年	二〇一二	裸祭ガイドブックに見付出身の卓球選手 水谷隼さんのインタビューが掲載される。
平成二五年	二〇一三	第一回見付天神裸祭フォトコンテストが開催される。
平成二六年	二〇一四	文化庁の「文化遺産を活かした地域活性化事業」に採択され、映像記録化を実施
平成二七年	二〇一五	磐田市合併一〇周年記念いわた俳句大会開催される。
平成二八年	二〇一六	二日目の活性化、「矢奈比売さまのおもてなし」として総社で祭の盛り上げを本格化
平成二九年	二〇一七	磐田市・駒ケ根市友好都市五〇周年、中学生交流会を開催
平成三〇年	二〇一八	ダイドードリンコ「日本の祭り」撮影、県内で放映
平成三一年 令和元年	二〇一九	国指定二〇周年記念事業、書籍刊行、野本寛一先生記念講演会・中学生のトークを開催

■主な見付天神裸祭に関する文献

（作成の古い順に掲載、江戸時代の文献については年号より表記）

・明和四年（一七六七）「西坂町根元車の若者が遵守すべき定め」『磐田市史史料編二』四三二

・寛政元年～慶応三年（一七八九～一八六七）「見付宿庚申講掛銭帳」『磐田市史史料編五』

・享和三年（一八〇三）藤長庚『遠江古蹟図絵　全』一九九一　神谷昌志解説　明文出版社

・文化一三年（一八一六）「見付天神社の拝殿踊りを二町ずつ隔年」『磐田市史史料編二』四四三

・文化一四年（一八一七）「見付天神社の拝殿踊り」『磐田市史史料編二』四四四

・文政六年（一八二三）中村乗高『事実証談』

・天保三年（一八三二）「七世市川団十郎の見付天神社祭礼見聞録」『磐田市史史料編二』四四八

・安政二年（一八五五）「見付天神社祭礼の御神輿かつぎを権現・御殿小路」『磐田市史史料編二』四五三

・安政三年（一八五六）「河原町龍陣の若者が遵守すべき定」『磐田市史史料編二』四五四

・「差入申一札之事」（見付宿町所蔵文書）

・神村直三郎「遠江国見付町矢奈比売神社祭典次第」『風俗画報』一七〇号　明治四年（一八七一）

・芝山道人「遠江国見付駅の祭礼」明治三一年（一八九八）『風俗画報』二七六号　明治三六年（一九〇三）

・山中共古『見付次第』明治四〇年（一九〇七）

・淡遠小史「見付天神の裸体祭」『風俗画報』三八八号　明治四一年（一九〇八）

・山中共古『共古日録』明治三五年～大正一二年（一九〇二～一九二三）

・赤松範一『見付に関する見聞雑記』明治四二年（一九〇九）

・川出新一郎『見付天神社誌』県社矢奈比売神社　大正三年（一九一四）

・『例大祭祭儀次第書附祝詞』大正五年（一九一六）

・磐田郡役所『磐田郡誌』大正一〇年（一九二一）
・『見付町郷土誌』昭和五年（一九三〇）
・磐田市『磐田市誌』下巻　昭和三一年（一九五六）
・高田岩男「矢奈比売神社の祭神」昭和三一年（一九五六）『地方文化研究』第1集
・清水秀明「矢奈比売神社の大祭」昭和三一年（一九五六）『磐田市誌』下巻　磐田市誌編纂委員会
・石川博敏『見付天神裸祭り記録』昭和三七年（一九六二）
・柳田国男『日本の祭』昭和四四年（一九六九）筑摩書房
・茂木栄「神々のまじわり―祭礼―」昭和五八年（一九八三）『磐田の民俗』磐田市
・宮田登他『日本民俗文化大系九　暦と祭事―日本人の季節感覚―』昭和五九年（一九八四）小学館
・磐田市『磐田の民俗』昭和五九年（一九八四）
・志賀剛『式内社の研究　第九巻　東海道』昭和六一年（一九八六）雄山閣
・新谷尚紀「遠州見付宿の葬墓制と他界観」昭和六三年（一九八八）『中世の都市と墳墓』日本エディタースクール出版部
・武井正弘「国魂の祀りと芸能」昭和六三年（一九八八）『天竜川流域の暮らしと文化』下巻　磐田市
・茂木栄編『見付天神裸まつり―海と山との交歓―』平成三年（一九九一）國學院大學日本文化研究所
・石川博敏『矢奈比売神社　裸まつりのしおり』平成五年（一九九三）
・文化庁伝統文化課「見付天神裸祭」平成一二年（二〇〇〇）『月刊文化財』四四七号
・遠州常民文化談話会『山中共古見付次第／共古日録抄』平成一二年（二〇〇〇）パピルス
・見付天神裸祭保存会『見付天神裸祭手引書』平成一五年（二〇〇三）
・熊切正次「見付天神の考察」平成一六年（二〇〇四）『磐田ことはじめ』第五編

・青島常盤「見付天神人身御供伝説の編成」平成一九年（二〇〇七）『磐南文化』第三四号　磐南文化協会
・中山正典「静岡県磐田市の見付天神裸祭と保存会―国の重要無形民俗文化財に指定されて以後―」平成一九年（二〇〇七）『民俗の諸問題』岩田書院
・野本寛一『地霊の復権』平成二二年（二〇一〇）岩波書店
・見付天神裸祭保存会『見付天神裸祭の記録』平成二二年（二〇一〇）
・中山正典「旧暦の固守と見付天神裸祭―月の運行と祭礼行事との関係―」平成二四年（二〇一二）『日本民俗学』第二七二号
・谷部真吾「祭りの変化と社会状況―見付天神裸祭における一九六〇～一九六一の変化を事例として―」平成二四年（二〇一二）『名古屋大学文学部研究論集』第三巻一二
・谷部真吾「町を浄化する祭り」平成二五年（二〇一三）『名古屋大学文学部研究論集』第四巻一二
・野本寛一『民俗誌・海山の間』平成二九年（二〇一七）岩田書院
・見付天神裸祭保存会『見付天神裸祭ガイドブック』第一～十三号　平成一九～三一年（二〇〇七）

おわりに

本書を手に取っていただき、裸祭がいかに壮大で、伝統を重んじてきた祭りであるかを、ご理解いただけたかと思います。この本で言いたかったことを整理してみますと次のようになると思います。

裸祭は、三つの意味（価値という言い方も本書ではしています）をもっており、また三部構成で出来上がっています。三つの意味とは、①祭祀組織の重層性、②厳しい物忌み③日本の伝統的神観念です。見付天神裸祭には三つの意味があることに注目いただければ、その魅力、素晴らしさを理解していただけるでしょう。そして、三部構成の祭りとは、第一部「見付宿と氏子を祓い清めること」第二部「裸衆の鬼踊り」第三部「矢奈比売命の御渡り」です。裸祭が三部に構成されていることに着目いただければ、裸祭の流れ、全体像、物語性を理解していただけると確信しております。

裸祭は、現代の社会状況の変化により、中学生はじめ若年層へなかなか浸透していかないこと、異装・刺青者を完全には排除できていないこと、交通規制をして安全を確保するのがむずかしいこと、などなど、これからの問題も抱えています。でも、この本でも顕示させていただきましたが、見付地区を挙げて、永い伝統に支えられ、多くの人の手でつくり上げてきた祭りであることを思うと、必ずや人々に支えられて将来への展望は開かれていくと思います。

本書は裸祭が国の重要無形民俗文化財に指定されて二〇周年を記念しての出版です。平成一五年刊行『見付天神裸祭手引書』、平成一九年より毎年刊行を続けている『見付天神裸祭ガイドブック』および平成二二年に刊行された『裸祭の記録』に収められた記録を基にして、新たに映像資料を集め、編集、作成いたしました。

これら保存会の調査、編集作業には多くの方の御協力をいただいており、また裸祭は、協賛いただいている個人、団体、企業の方々の御支援があって伝承することができておりますことを、心から感謝いたしております。裸祭に参加協力いただいている方々、また平素から支援していただいている個人、団体、企業の方々へ感謝の気持を込め、国指定二〇周年を記念して、この一書を出版した次第です。

見付天神裸祭保存会会長　鈴木亨司

■編著者紹介

見付天神裸祭保存会

平成 12 年、国の重要無形民俗文化財に指定されたときには裸祭実行委員会が見付地区各祭組の調整を行っていた。この実行委員会が平成 14 年、正式に規約、組織も整備されて裸祭保存会に発展解消。

この保存会は「文化財保護法の趣旨に則り、国指定無形民俗文化財「見付天神裸祭」の伝統ある形式とその格調を受け継ぎ、正しくこれを保存・継承すること」を目的として明示している。組織としては保存会長の下、自治会、崇敬者会、実行部会、青年部そして事務局が整備されている。これらの警固長を務めた者や裸祭を熟知し全体が見える者 13 名により事務局が構成され、ここで祭全般の企画立案がなされている。

現在では、年間活動計画が毎年 1 月には明示され、実行部会、青年部、事務局がこの重点課題を中心に 1 年間協議を続け、祭の執行において準備を整え、一つ一つの課題を解決していく。平成 19 年より『裸祭ガイドブック』を一万部刊行し、全戸配布を行っている。平成 26 年度に国の文化遺産を活かした地域活性化事業の採択を受けて裸祭の DVD 化を実施した。

令和元年度の保存会役員は以下のとおりである。

保存会長／鈴木 亨司（平成 23 年度～現在）
石川 大造（平成 16 年度～平成 22 年度）
実行部会会長／小松 洋
青年部長／鈴木 幸雄
矢奈比売神社宮司／久野 隆　禰宜／金田 憲和　権禰宜／古田 健一郎、松家 克成
見付三社氏子崇敬会会長／大石 冨士雄
自治会連合会見付地区会長／林　浩巳
先供世話方／鈴木 哲男
保存会事務局長／石山 哲夫
事務局員／鈴木 道彦、前島 貴広、渥美 賢吾、宮城 昌之、中山 正典、安形 勝彦、原田 浩之、松本 直希、大橋　剛、福代 陽一、名倉 康二、伊藤 和幸、乾　聡志

協力者／佐口 行正、鈴木 教司、内山 敏昭、佐藤 力一、佐口 節司、東智昭、（株）クラフト

※全編、見付天神裸祭保存会として記録したものを掲載した。なお、文責が問われる章については、文末に執筆者名を入れた

見付天神裸祭
令和元年八月一日　初版発行
編著者　見付天神裸祭保存会
発行者　大石剛
発行所　静岡新聞社
〒四二〇―八〇三三　静岡市駿河区登呂三―一―一
電話番号〇五四―二八四―一六六六
編集制作　TAMARANPRESS Co.,Ltd.
印刷所　図書印刷
落丁・乱丁本はお取替えします